通勤大学 図解PMコース①
**プロジェクトマネジメント 理論編（第3版）**

中嶋 秀隆 =監修　中 憲治 =著
*Hidetaka Nakajima*　*Kenji Naka*

JN146424

通勤大学文庫
STUDY WHILE COMMUTING
総合法令出版

- PMI® は、Project Management Institute の登録商標です。
- PMBOK® は、PMI の登録商標です。
- PMP は、PMI の登録商標です。

# はじめに

## ■本書のねらい

「プロジェクトマネジメントのグローバルスタンダード」と言われるPMBOKガイド(正式名称：プロジェクトマネジメント知識体系ガイド)の第6版が2017年に発行されました。PMBOKは米国プロジェクトマネジメント協会(PMI)から1987年に初版が発行されて以降、4年に一度の改訂が行われてきました。このPMBOK第6版の発行に合わせ、本書『通勤大学図解PMコース① プロジェクトマネジメント理論編』も内容の改訂を行いました。

PMBOK第6版の第5版からの大きな変更点は次の4点です。

1点目は、PMBOKガイドの大きな枠組みの変更です。「パート1 プロジェクトマネジメント知識体系ガイド」「パート2 プロジェクトマネジメント標準」「パート3 付属文書その他」の3部構成となり、第5版までは付属文書扱いであったプロジェクトマネジメント標準が

パート2として独立し、詳細化されました。

2点目は、10の知識エリアの内容の変更です。知識エリアの数自体は10のままですが、タイム・マネジメントがスケジュール・マネジメントに、人的資源マネジメントが資源マネジメントに変わりました。

3点目は、プロセスの数の変更です。第5版では47のプロセスでしたが、第6版では3つが追加、1つが削減され、49のプロセスとなりました。追加されたプロセスは、「プロジェクト知識のマネジメント」「資源のコントロール」「リスク対応策の実施」です。削減されたプロセスは、「調達の終結」です。

4点目は、各知識エリアに4つの導入トピックスが追加されたことです。具体的には、①主要概念、②傾向と新たな実務慣行、③テーラリングの考慮事項、④アジャイル型環境や適応型環境の考慮事項の4つです。

PMBOK第6版の裏表紙には、第6版の概要として、アジャイル型環境や適応型環境など、様々なプロジェクト・ライフサイクル環境におけるプロジェクトマネジメント実務慣行の適応ガイダンスを追加したこと、プロジェクトマネジメントの戦略およびビジネスに関連する知識に重点が置かれていること、などが強調されています。

プロジェクトマネジメントの手法の適用分野がますます拡大し、そのありようが多角化・複雑化してきていること、かつ、それが企業のビジネス戦略に密接に関わってきていることを受けて、企業・組織のプロジェクトの独自性に沿った形での「仕立て直し（テーラリング）」の重要性が強調されていると考えられます。ただし、「テーラリング」が重要だとしても、まずは基本を理解しておくことが肝要です。

PMBOKは難解であるとよく言われます。本書は、PMBOKガイドに書かれている内容を、PMBOKの流れ（プロセス）に沿いつつ、平易な言葉で解説することを目指した一冊です。

知識は業務に生かされて、初めて価値を生みます。PMBOKは「優れた実務慣行と一般的に認められているプロジェクトマネジメント知識体系の一部を特定している」と記述されています。読者のみなさまにとって、本書が優れた実務慣行を確立する上でよい参考書となることを願っています。

## ▍「通勤大学図解PM」シリーズについて

本書『プロジェクトマネジメント理論編』では、PMBOKガイドの10の知識エリアを中心に、プロジェク

トマネジメントの基本プロセス、主なインプット、アウトプットの情報と手法を解説します。

本書の姉妹書である『プロジェクトマネジメント実践編』では、プロジェクトマネジメント標準の一例として、プロジェクトの進め方を、具体的なプロジェクトを事例にして、「プロジェクトの立上げ→計画→実行→監視・コントロール→終結」というプロセスに沿って説明していきます。本書と合わせてお読みいただければ幸いです。

## 謝辞

理論編の第3版を出版するにあたり、これまで第1版及び第2版の執筆を担当した浅見淳一氏に多大なるご協力をいただきました。この場を借りて感謝申し上げます。また、出版にあたりご尽力いただいた総合法令出版の田所陽一氏にも御礼を申し上げます。

最後に、本書を手にとっていただいたみなさまに、改めて心から感謝いたします。

2018年9月吉日　中 憲治

# 本書の構成

## 第一部 | プロジェクトマネジメントの概論

- 第 1 章　プロジェクトとプロジェクトマネジメント
- 第 2 章　PMBOKガイド概要
- 第 3 章　プロジェクト組織とプロジェクト・マネジャーの役割

## 第二部 | プロジェクトマネジメント10の知識エリア

- 第 4 章　プロジェクト統合マネジメント
- 第 5 章　プロジェクト・スコープ・マネジメント
- 第 6 章　プロジェクト・スケジュール・マネジメント
- 第 7 章　プロジェクト・コスト・マネジメント
- 第 8 章　プロジェクト品質マネジメント
- 第 9 章　プロジェクト資源マネジメント
- 第 10 章　プロジェクト・コミュニケーション・マネジメント
- 第 11 章　プロジェクト・リスク・マネジメント
- 第 12 章　プロジェクト調達マネジメント
- 第 13 章　プロジェクト・ステークホルダー・マネジメント

## 第三部 | プロジェクトマネジメント標準

- 第 14 章　概論
- 第 15 章　立上げプロセス群
- 第 16 章　計画プロセス群
- 第 17 章　実行プロセス群
- 第 18 章　監視・コントロール・プロセス群
- 第 19 章　終結プロセス群

はじめに ……………………………………………………… 3
本書の構成 …………………………………………………… 7

# 第一部｜プロジェクトマネジメントの概論

## 第1章　プロジェクトと プロジェクトマネジメント

- **1-1**　プロジェクトの歴史 …………………………… 20
- **1-2**　プロジェクトとは ……………………………… 22
- **1-3**　プロジェクトの３つの要素 …………………… 24
- **1-4**　プロジェクト、プログラム、ポートフォリオと定常業務 ……………………………………………… 26
- **1-5**　プロジェクトマネジメントとは ……………… 28
- **1-6**　プロジェクト・フェーズとプロジェクト・ライフサイクル …………………………………………… 30
- **1-7**　テーラリング …………………………………… 32

## 第2章　PMBOKガイド概要

- **2-1**　PMBOK ………………………………………… 36
- **2-2**　PMP資格 ………………………………………… 38
- **2-3**　PMBOKの構成 ………………………………… 40

| | | |
|---|---|---|
| **2-4** | PMBOK10の知識エリア | 42 |
| **2-5** | 10の知識エリアとプロジェクトマネジメント・プロセス群の関係 | 44 |
| **2-6** | PMBOKガイド第6版の主な改訂点 | 46 |

# 第3章 プロジェクト組織とプロジェクト・マネジャーの役割

| | | |
|---|---|---|
| **3-1** | プロジェクト組織の環境要因 | 50 |
| **3-2** | 組織構造のタイプ | 52 |
| **3-3** | 機能型組織 | 54 |
| **3-4** | プロジェクト型組織 | 56 |
| **3-5** | マトリックス型組織 | 58 |
| **3-6** | プロジェクトマネジメント・オフィス（PMO） | 60 |
| **3-7** | プロジェクト・マネジャーの定義と役割 | 62 |
| **3-8** | プロジェクト・マネジャーのコンピテンシー | 64 |
| **3-9** | リーダーシップとマネジメントの比較 | 66 |

# 第二部 プロジェクトマネジメント10の知識エリア

# 第4章 プロジェクト統合マネジメント

| | | |
|---|---|---|
| **序論** | プロジェクト統合マネジメントとは | 72 |

| | | |
|---|---|---|
| 4-1 | 立上げプロセス「プロジェクト憲章の作成」 | 74 |
| 4-2 | 計画プロセス「プロジェクトマネジメント計画書の作成」 | 76 |
| 4-3 | 実行プロセス「プロジェクト作業の指揮・マネジメント」 | 78 |
| 4-4 | 実行プロセス「プロジェクト知識のマネジメント」 | 80 |
| 4-5 | 監視・コントロール・プロセス「プロジェクト作業の監視・コントロール」 | 82 |
| 4-6 | 監視・コントロール・プロセス「統合変更管理」 | 84 |
| 4-7 | 終結プロセス「プロジェクトやフェーズの終結」 | 86 |

## 第5章 プロジェクト・スコープ・マネジメント

| | | |
|---|---|---|
| 序論 | プロジェクト・スコープ・マネジメントとは | 90 |
| 5-1 | 計画プロセス「スコープ・マネジメントの計画」 | 92 |
| 5-2 | 計画プロセス「要求事項の収集」 | 94 |
| 5-3 | 計画プロセス「スコープの定義」 | 96 |
| 5-4 | 計画プロセス「WBSの作成」 | 98 |
| 5-5 | 監視・コントロール・プロセス「スコープの妥当性確認」 | 100 |

| 5-6 | 監視・コントロール・プロセス「スコープのコントロール」………………………………………… 102 |
|---|---|

### 第6章 プロジェクト・スケジュール・マネジメント

| 序論 | プロジェクト・スケジュール・マネジメントとは … 106 |
|---|---|
| 6-1 | 計画プロセス「スケジュール・マネジメントの計画」………………………………………………… 108 |
| 6-2 | 計画プロセス「アクティビティの定義」………… 110 |
| 6-3 | 計画プロセス「アクティビティの順序設定」…… 112 |
| 6-4 | 計画プロセス「アクティビティ所要期間の見積り」 114 |
| 6-5 | 計画プロセス「スケジュールの作成」…………… 116 |
| 6-6 | 監視・コントロール・プロセス「スケジュールのコントロール」………………………………………… 118 |

### 第7章 プロジェクト・コスト・マネジメント

| 序論 | プロジェクト・コスト・マネジメントとは ……… 122 |
|---|---|
| 7-1 | 計画プロセス「コスト・マネジメントの計画」… 124 |
| 7-2 | 計画プロセス「コストの見積り」………………… 126 |
| 7-3 | 計画プロセス「予算の設定」……………………… 128 |

| 7-4 | 監視・コントロール・プロセス「コストのコントロール」 …………………………………………………… 130 |

## 第8章 プロジェクト品質マネジメント

| 序論 | プロジェクト品質マネジメントとは ………… 134 |
| 8-1 | 計画プロセス「品質マネジメントの計画」…… 136 |
| 8-2 | 実行プロセス「品質のマネジメント」………… 138 |
| 8-3 | 監視・コントロール・プロセス「品質のコントロール」 …………………………………………………… 140 |

## 第9章 プロジェクト資源マネジメント

| 序論 | プロジェクト資源マネジメントとは ………… 144 |
| 9-1 | 計画プロセス「資源マネジメントの計画」…… 146 |
| 9-2 | 計画プロセス「アクティビティ資源の見積り」・ 148 |
| 9-3 | 実行プロセス「資源の獲得」………………… 150 |
| 9-4 | 実行プロセス「チームの育成」……………… 152 |
| 9-5 | 実行プロセス「チームのマネジメント」……… 154 |
| 9-6 | 監視・コントロール・プロセス「資源のコントロール」 …………………………………………………… 156 |

## 第10章 プロジェクト・コミュニケーション・マネジメント

**序論** プロジェクト・コミュニケーション・マネジメントとは ...... 160

**10-1** 計画プロセス「コミュニケーション・マネジメントの計画」...... 162

**10-2** 実行プロセス「コミュニケーションのマネジメント」...... 164

**10-3** 監視・コントロール・プロセス「コミュニケーションの監視」...... 166

## 第11章 プロジェクト・リスク・マネジメント

**序論** プロジェクト・リスク・マネジメントとは ...... 170

**11-1** 計画プロセス「リスク・マネジメントの計画」...... 172

**11-2** 計画プロセス「リスクの特定」...... 174

**11-3** 計画プロセス「リスクの定性的分析」...... 176

**11-4** 計画プロセス「リスクの定量的分析」...... 178

**11-5** 計画プロセス「リスク対応の計画」...... 180

**11-6** 実行プロセス「リスク対応策の実行」...... 182

**11-7** 監視・コントロール・プロセス「リスクの監視」...... 184

## 第12章 プロジェクト調達マネジメント

- **序論** プロジェクト調達マネジメントとは …… 188
- **12-1** 計画プロセス「調達マネジメントの計画」…… 190
- **12-2** 実行プロセス「調達の実行」…… 192
- **12-3** 監視・コントロール・プロセス「調達のコントロール」…… 194

## 第13章 プロジェクト・ステークホルダー・マネジメント

- **序論** プロジェクト・ステークホルダー・マネジメントとは …… 198
- **13-1** 立上げプロセス「ステークホルダーの特定」…… 200
- **13-2** 計画プロセス「ステークホルダー・エンゲージメントの計画」…… 202
- **13-3** 実行プロセス「ステークホルダー・エンゲージメントのマネジメント」…… 204
- **13-4** 監視・コントロール・プロセス「ステークホルダー・エンゲージメントの監視」…… 206

# 第三部 プロジェクトマネジメント標準

## 第14章 概論
- **序論** 「プロジェクトマネジメント標準」 ……………… 212
- **14-1** PMBOKガイド第6版の構成と本書の関連① ‥ 214
- **14-2** PMBOKガイド第6版の構成と本書の関連② ‥ 216

## 第15章 立上げプロセス群
- **15-1** 立上げプロセス「プロジェクト憲章の作成」 …… 220
- **15-2** 立上げプロセス「ステークホルダーの特定」 …… 222

## 第16章 計画プロセス群
- **序論** 計画プロセス群 ………………………………… 226
- **16-1** 計画プロセス「3.4 スコープの定義」 …………… 228
- **16-2** 計画プロセス「3.5 WBSの作成」 ……………… 230
- **16-3** 計画プロセス「3.8 アクティビティの順序設定」① ‥ 232
- **16-4** 計画プロセス「3.8 アクティビティの順序設定」② ‥ 234
- **16-5** 計画プロセス「3.10 スケジュールの作成」① …… 236
- **16-6** 計画プロセス「3.10 スケジュールの作成」② …… 238

- **16-7** 計画プロセス「3.15 資源マネジメントの計画」…… 240
- **16-8** 計画プロセス「3.17コミュニケーション・マネジメントの計画」…… 242
- **16-9** 計画プロセス「3.18 リスク・マネジメントの計画」・ 244
- **16-10** 計画プロセス「3.20 リスクの定性的分析」…… 246
- **16-11** 計画プロセス「3.21 リスクの定量的分析」…… 248
- **16-12** 計画プロセス「3.23 調達マネジメントの計画」・ 250

## 第17章 実行プロセス群

- **序論** 実行プロセス群 …… 254
- **17-1** 実行プロセス「4.3 品質のマネジメント」…… 256
- **17-2** 実行プロセス「4.10 ステークホルダー・エンゲージメントのマネジメント」…… 258

## 第18章 監視・コントロール・プロセス群

- **序論** 監視・コントロール・プロセス群 …… 262
- **18-1** 監視・コントロール・プロセス「5.6 コストのコントロール」…… 264
- **18-2** 監視・コントロール・プロセス「5.7 品質のコントロール」① …… 266

**18-3** 監視・コントロール・プロセス「5.7 品質のコントロール」② ……… 268

## 第19章 終結プロセス群

**19-1** 終結プロセス「6.1 プロジェクトやフェーズの終結」 ……… 272

**19-2** 「通勤大学図解 PM コース②実践編」のご紹介・ 274

巻末用語集 ……………………………………………………… 276

〈参考文献〉
『プロジェクトマネジメント知識体系ガイド第6版』(PMI)
『アジャイル実務ガイド』(PMI)
『図解入門　よくわかる最新PMBOK第6版の基本』(鈴木安而、秀和システム)
『PMP試験対策テキスト』(プラネット)
『プロジェクトマネジメント標準10のステップ・テキスト』(プラネット)

ブックデザイン　藤塚尚子 (e to Kumi)
本文 DTP ＆ 図表作成　横内俊彦
校正　矢島規男

# 第一部

## プロジェクトマネジメントの概論

# 第1章

# プロジェクトと
# プロジェクト
# マネジメント

# 1-1 プロジェクトの歴史

## プロジェクトのはじまり

PMBOKガイドは以下の文章から始まっています。「プロジェクトマネジメントは目新しいものではなく、何百年も前から使用されてきた。プロジェクト成果（成果物）の例として、次のようなものがある」。そして、ギザのピラミッド、万里の長城、タージ・マハールの名を挙げています。

このような歴史的建造物としてのプロジェクト成果の例は日本にも多数存在しています。例として、1000年以上前に建造された法隆寺の伽藍や東大寺の盧舎那仏像（大仏）、16世紀の戦国時代に築かれた城郭が挙げられます。

明治以降、近代国家が形成されてくると、国家プロジェクトがいくつも実施されてきます。代表的なものとして「琵琶湖疏水」プロジェクトが挙げられます。1885年から5年弱の期間を経て完成したこのプロジェクトには、約2,400mのトンネル掘削に竪坑方式を採用するなど、世界最初の技術や工法が取り入れられました。また、プロジェクトのスコープ（範囲）も、単に琵琶湖から京都まで水路を通すだけでなく、日本初の事業用水力発電所や京都の飲み水を確保するための貯水場を建設するなど、多くの成果物を含んでいます。

## 現代プロジェクトマネジメント

現代プロジェクトマネジメントの始まりとしては、第二次大戦中の1941年12月に米国のルーズベルト大統領が立ち上げた国家軍事プロジェクト「マンハッタン計画」が挙げられます。当時の国家予算で約20億ドル、最盛期には13万人が関わったと言われているこの大規模プロジェクトでは、効率

第1章 プロジェクトとプロジェクトマネジメント

# プロジェクトの歴史

ギザのピラミッド

万里の長城

盧舎那仏像

琵琶湖疏水

的な運営を行うために管理工学が使用されました。

現在のような形のプロジェクトマネジメント概念を確立したのは、冷戦期の米国国防総省だと言われています。1957年頃、米国国防総省のポラリスミサイル開発プロジェクトにおいて、期間を短縮する取り組みが行われ、その後、いわゆる"モダンPM"として広範な分野への適用が発展していきます。

そして、冷戦時代の象徴である宇宙開発競争に後れを取った米国が、1961年のケネディ大統領の演説「1960年代の末までに人類を月面に着陸させ、地球に無事生還させる」を契機としてスタートした「アポロ計画」プロジェクトによって、プロジェクトマネジメント手法は大きな進展をみます。このプロジェクトにおいて現代のプロジェクトマネジメントが確立したと言えます。

# 1-2 プロジェクトとは

## プロジェクトの定義

前項で歴史的なプロジェクト成果について述べましたが、改めて「プロジェクトとは何ですか？」と問われたら、何と答えればいいでしょうか。

PMBOK 第6版では、「プロジェクトとは、独自のプロダクト、サービス、所産を創造するために実施する、有期の業務である」と定義しています。もう少し平易な言葉で定義すると、「プロジェクトとは、独自の目標を達成するために、期間を限定して行う一連の作業であり、それは、①スコープ・品質、②時間、③資源（ヒト・モノ・カネ）の3つの要素を管理し、バランスをとりながら行うものである」と言えます。

## プロジェクト定義のキーワード

プロジェクトを定義するときに必要なキーワードが2つあります。それは独自性と有期性です。

### ①独自性（Unique）

プロジェクトごとにスコープ（規模）は異なります。したがって、プロジェクトには独自性があると言えます。

### ②有期性（Temporary）

プロジェクトは期間限定で行われるため、有期性があると言えます。有期性とは期間が定まっているということです。

## プロジェクトの3つの要素

①「スコープ・品質」、②「時間」、③「資源（ヒト・モノ・カネ）」は「プロジェクトの3大制約要素」と呼ばれます。これら3つの制約要件をすべて備えていれば、プロジェクトであると言えます。すなわち「スコープ（何を：具体的到達目

# プロジェクトとは

**Unique（独自性）**

定常の業務にはおさまらない
ビジネスの目標を達成するために期間を限定して行う一連の作業

**Temporary（有期性）**

標）」「期限（いつまでに）」「投入すべき資源」の3つの要素が明確であれば、それはプロジェクトと言えます。

では、企業や組織などで行われるものではなく、個人で行うイベントなどはプロジェクトと言えるのでしょうか？

プロジェクトマネジメント学会には、プロジェクトマネジメントの手法を活用して個人の目標を達成するプロジェクト（パーソナルプロジェクト）を研究し広めるという目的でパーソナルPM研究会が結成されています。個人の目標を達成する取り組みも、前出の3つの制約条件が揃っていればプロジェクトなのです。たとえば、あなたが本書でプロジェクトマネジメントを学び、「PMP（プロジェクトマネジメントに関する国際資格）を取得する」という目標を持てば、そのときからプロジェクトがスタートしたことになります。

# 1-3 プロジェクトの3つの要素

## プロジェクトの3つの要素とは

前項で説明したプロジェクトの3つの要素について詳しく解説します。

### ①スコープ（Scope）・品質

スコープとは、本来「範囲、範疇」などを意味しますが、PMBOKの定義では「プロジェクトが提供するプロダクト、サービス、所産の総体」を指します。

スコープはプロジェクトで生み出すものの特性や機能（プロダクト・スコープ）と、生み出すために実行する作業の総体（プロジェクト・スコープ）の両方を意味します。つまり、「何をどこまで行うのか」ということであり、プロジェクトマネジメントでは、このスコープを明確にしておくことが重要です。プロジェクトで生み出す成果物をスコープと品質で表すことになります。

スコープが決まることにより、プロジェクトで取り組む範囲が明確になり、プロジェクトの規模が決まります。たとえば、新製品の開発であれば、プロジェクトのスコープが新製品の市場へのリリースまでにとどまるのか、新製品発売後の一定期間のアフターフォローまで含めるのかで、プロジェクトの規模は変わってきます。

### ②時間（Time）

プロジェクトは有期的活動ですから、必ず開始と終了があります。

プロジェクトの開始は「プロジェクト憲章」（オーナーがプロジェクト・マネジャーの任命時に出す文書）の発行で始まる

# プロジェクトの3つの要素

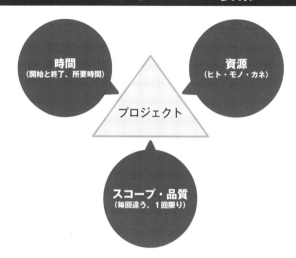

とも言えますが、実質的には、プロジェクト・チームが結成され、そのキックオフで始まると考えたほうが良いでしょう。

プロジェクトは、プロジェクトの振り返りを終えることをもって正式な終了となりますが、プロジェクトの所要期間を考えるときは、成果物の納期としての終了が重要となります。プロジェクト・チームとしてのプロジェクトの完了基準を設定し、明確化しておくことが望ましいと言えます。

### ③資源（Resource）＊ヒト・モノ・カネ

プロジェクトに投入する主な資源は、①プロジェクト・チームのメンバー、②プロジェクトに使用する装置や機器、資材、そして③資金、の3つです。

プロジェクトはこれら3つの要素（制約条件）をバランスよくコントロールしながら行うものです。

## 1-4 プロジェクト、プログラム、ポートフォリオと定常業務

### 経営目標達成手段の関係性

企業・組織においてその経営目標を達成する手段として、ポートフォリオ、プログラム、プロジェクトのマネジメント、そして定常業務などが活用されます。ここではそれぞれの関係性を説明します。

### ポートフォリオ

ポートフォリオとは、戦略目標を達成するために、プロジェクト、プログラム及び定常業務が集約されたものです。

必ずしも、ポートフォリオ内で相互に依存している必要はありません。複数のプロジェクト、プログラム、関連業務をポートフォリオで把握することにより、組織の戦略に沿って一貫性を保ち、資源の割り当てに優先順位をつけます。

### プログラム

プログラムとは、同時並行に行われる相互に関連するプロジェクト群を1つのグループにまとめて管理する考え方です。プロジェクトを個々にマネジメントすることでは得られない成果価値とコントロールを実現するために、相互に関連するプロジェクトを調和のとれた形でマネジメントします。

プログラムの中に、プロジェクトのスコープ外の関連業務が含まれることもあります。プロジェクトは単独で存在し、プログラムに含まれないことはありますが、プログラムには必ずプロジェクトが含まれます。

ある経営目標を達成するために、同時にいくつかのプロジェクトを立ち上げます。それら複数のプロジェクトを有機的に統合して、全体の目的を達成するために、相互に関連づけ

# ポートフォリオとプロジェクト

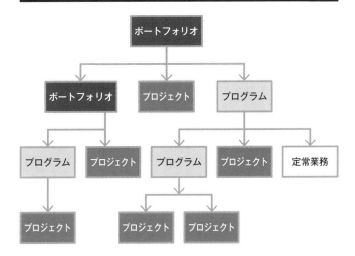

て調整します。共通の目標を持つプロジェクトをまとめてプログラムとして管理した方が資源の有効活用につながります。

## 定常業務

定常業務の定義は以下のようになります。

「定常業務は、継続的かつ反復的である。定常業務は継続的な業務や、同じ成果物を繰り返し、同じプロセス・同じやり方で継続的に生み出すものである」

定常業務とプロジェクトの特徴的な相違点として、次のようなものがあります。

- 定常業務は継続的かつ反復的である
- プロジェクトは、有期的であり、独自性がある

プロジェクトの多くは、目標を達成した後は、定常業務に引き継がれて実施されます。

# 1-5 プロジェクトマネジメントとは

## プロジェクトマネジメントの定義

PMBOK 第6版では、プロジェクトマネジメントを次のように定義しています。

「プロジェクトの要求事項を満たすために、知識、スキル、ツールと技法をプロジェクトのアクティビティへ適用すること」

すなわち、プロジェクトにおいて様々な知識などを駆使し、顧客を満足させるための活動全般を指します。プロジェクトマネジメントは目標を達成する技法です。

プロジェクトマネジメントの概念が確立する以前は、経験などの暗黙知でプロジェクトを管理していましたが、PMBOKなどプロジェクトマネジメントの知識が体系化されたことにより、形式知として標準化が可能になりました。

## プロジェクトマネジメントの留意点

プロジェクトマネジメントについて留意すべきことは、主に次の2点です

- 「要求事項を満足させる」ことであり、「要求事項を超える」ことを意味してはいない
- 顧客の要求事項を達成するためには、顧客の要求を特定し、プロジェクトの3大制約要素であるスコープ・品質、時間、資源のバランスをとりながら、顧客が満足する成果物を生成すること

## プロジェクトマネジメント・プロセス

「PDCA」「計画・実行・コントロール」などのマネジメント・プロセスに関する言葉をよく耳にします。

第1章 プロジェクトとプロジェクトマネジメント

# プロジェクトマネジメントプロセス群

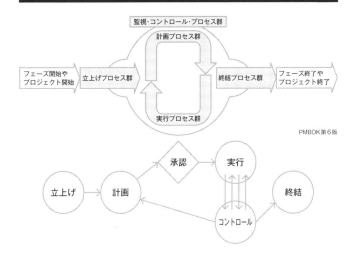

プロジェクトマネジメントにもプロセスがあります。すなわち「立上げ」「計画」「実行」「監視・コントロール」「終結」の5つです。これらを「プロジェクトマネジメント5つのプロセス群」と呼びます。

ここで留意したい点があります。通常のマネジメント・プロセスは「計画」「実行」「監視・コントロール」の3つのプロセスでなっていますが、プロジェクトマネジメント・プロセスには「立上げ」「終結」の2つのプロセスが加わります。

その意味するところは、プロジェクトとは独自性のある目標達成を目指すものであるため、「立上げ」プロセスにおいてその特性をしっかり把握しておくこと、また「終結」プロセスでは今回のプロジェクトの経緯（プロセス）を次のプロジェクトへ活かすための必須の工程であることです。

# 1-6 プロジェクト・フェーズとプロジェクト・ライフサイクル

## プロジェクト・フェーズ

プロジェクトはいくつかの「フェーズ」に分割されることがあります。複数のフェーズで構成される大きなプロジェクトもあれば、単一フェーズの小規模プロジェクトもあります。

個々のフェーズは、必ず「立上げ」「計画」「実行」「監視・コントロール」「終結」の5つのプロジェクトマネジメント・プロセスで構成されます。複数のフェーズを持つプロジェクトにおいては、前のフェーズの終結プロセスで次のフェーズへの成果物の引き渡しが行われることがあります。

典型的なプロジェクト・フェーズとして「単一フェーズ」「直列フェーズ」「重複フェーズ」の3つがあります。

## プロジェクト・ライフサイクル

ライフサイクルとは、フェーズの組み合わせと言えます。

プロジェクトはその目標が様々です。研究開発、商品開発、ITシステム開発、業務革新、組織活性化、そして経営改革や地域活性化に至るまで、達成すべき目標をあらかじめ明確化できるものもあれば、目標の明確化が難しく手さぐり状態でのプロジェクト遂行の事例もあり、そのプロセスは様々です。

プロジェクトの特性に応じて、どんなライフサイクルを採用するかを検討して決定します。典型的な例は次の通りです。

### ①予測型ライフサイクル

ウォーターフォール型として知られている。スコープ、時間、コストが可能な限りライフサイクルの初期に決定される。

### ②反復型ライフサイクル

スコープはライフサイクル初期で決定されるが、時間とコ

# 典型的なプロジェクト・フェーズ

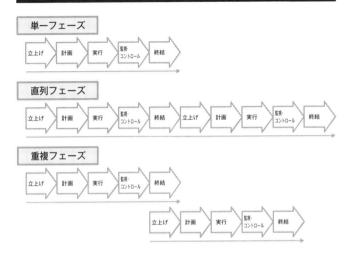

ストは進捗の過程で反復して修正される。一連のサイクルの繰り返しを通じてプロダクトが作成される。

### ③漸進型ライフサイクル

成果物は、所定の時間枠の中で連続して機能追加が行われる一連の反復を通して作成される。成果物は、反復を繰り返すなかで漸増され、最後の反復で形成される。

### ④適応型ライフサイクル

変化駆動型またはアジャイル型とも呼ばれる。スコープの決定に際しては、ステークホルダーの頻繁かつ継続的な関与を求める。反復型、漸進型だが、時間とコストは固定される。

### ⑤ハイブリッド型ライフサイクル

予測型と適応型の組み合わせ。要求事項が十分把握されている要素は予測型で、変化し続ける要素は適応型で実施する。

# 1-7 テーラリング

## テーラリングとは

　PMBOK 第6版では、新たなトピックスとして「テーラリングの考慮事項」を追加し、その重要性を強調しています。

　テーラリング（Tailoring）の本来の意味は「（洋服の）仕立て直し」です。洋服の「仕立て」には基本がありますが、お客様の体形や特徴、そして要望に合わせて、「仕立て直し」を行います。プロジェクトマネジメントにおいても、「PMBOK ガイド」という基本がありますが、プロジェクト・マネジャーがプロジェクトの特性に応じて「仕立て直し」をすることの重要性を説いています。

　プロジェクト・マネジャーがテーラリングを行うときに参考にするものとして、PMBOK ガイドのほかに、組織のルール、組織の資産として積み上げられてきたプロジェクトマネジメント・プロセス、プロジェクト・マネジャー自身の経験などがあります。これらをまさに取捨選択し、そのプロジェクトに最適なプロセスにテーラリングしていくことが求められます。

　その中でも、最初に行うテーラリングがプロジェクト全体の枠組み設計です。プロジェクトのフェーズ構成を決め、どのようなプロジェクト・ライフサイクルを採用していくのか、まさにプロジェクト全体の「仕立て直し」です。

　従来から企業・組織の中で標準的なフェーズが決められているときは、それを無視することはできませんが、プロジェクトの特性から考えて、そのフェーズ構成が適合しないときは、フェーズ構成を「仕立て直し」する必要があります。

## ▎コラム:「取捨選択と肉付け」

「テーラリングとは、端的に言うと『取捨選択と肉付け』である」と唱えるのは、本書の監修者であるプラネット社長の中嶋秀隆氏です。プラネット社では、プロジェクトマネジメントの標準セミナーである「プロジェクトマネジメント標準10ステップ」を開催していますが、セミナー後、受講者の感想は大きく2つに分かれます。

「標準のプロセス、手法はわかった。これを自分の現場に当てはめるには少し工夫が必要だ。それをまず考えなければ!」
「標準の手法はわかった、でも、私の会社で使うにはハードルが高そうだ! まず上司がわかってくれないし……」

中嶋氏曰く、「『取捨選択と肉付け』を行うためには、当事者が自分の頭で考え、プロジェクト現場で最適解を出すという姿勢と作業が必要である!」

筆者の経験では、日本の総合エレクトロニクスメーカーであり、総合ITベンダーであるA社では、プロジェクトマネジメント研修として「プロジェクトマネジメント標準10ステップ」を導入し実施した後、将来のプロジェクト・マネジャー養成のために若手社員を対象とした研修を行うことになりました。標準プロセスの習得に加え、社内で蓄積してきた組織の知的資産の習得と活用も必須であるとの結論に至り、これら両方を組み込んだA社独自の「若手プロジェクトマネジメント研修」を立ち上げました。これも、「テーラリング」のよい例です。

# 第 2 章

# PMBOK
# ガイド概要

# 2-1 PMBOK

## PMBOKとは

PMBOKとは、Project Management Body of Knowledge（プロジェクトマネジメント知識体系）の略称であり、「ピンボック」と読みます。プロジェクトマネジメントの標準化をめざして、1987年に米国プロジェクトマネジメント協会（PMI）から発行されました。

PMBOKは初版発行以降、広く世界中のプロジェクト実務担当者の優れた実務慣行を集め、これまで5回の改訂を重ねています。現在では、「効果的なプロジェクトマネジメント実務慣行の総合的な権威」（PMBOK第6版）と言われるまでに充実してきました。それはPMBOKが「プロジェクト・マネジャーのために、プロジェクト・マネジャーが独自に作成した」優れた実務慣行の集大成だからです。

PMBOKガイドはプロジェクトを進める上でのガイド（羅針盤）であり、指針なので、必ずこれに従わなければならないというものではありません。あくまでも参考書として活用されるものです。PMBOKガイドは幅広い業種への適用が可能であり、参考書として活用することがプロジェクト・マネジャーをして、プロジェクトを成功に導く羅針盤となるのです。

## PMIとは

PMI（Project Management Institute）は、1969年に5人のボランティアにより設立された米国に本部を置く非営利団体です。プロジェクトマネジメントの体系化と普及を推進し、1987年にPMBOKガイドを発行して以来、その改訂を続けて

# PMBOKとは

> **PMBOK**
> (Project Management Body of Knowledge)
>
> ● プロジェクトマネジメントに要求される知識を体系的にまとめたもの
> ● 1969年に設立された世界最大のプロジェクトマネジメント協会 PMI（Project Management Institute）が作成
> ● PMIが認定する最も知られているプロジェクト・マネジャーの資格が PMP（Project Management Professional）

います。

2017年現在、PMIは世界中に300以上の支部を持ち、会員数も50万人を超える世界最大のプロジェクトマネジメント専門団体となっています。日本では1998年にPMI日本支部が設立され、2017年現在約4,000人の会員数にまで発展してきました。

PMIはプロジェクトマネジメントに関わる各種の活動を実施しています。1984年からプロジェクトマネジメントに関する資格であるPMP（Project Management Professional）認定制度を開始しました。

## 2-2 PMP 資格

### PMPとは

PMP（Project Management Professional）とは、PMBOKに準拠した国際的な認定制度で、プロジェクトマネジメントの資格として、世界のデファクトスタンダードとなっています。有資格者は2017年現在、世界で82万人、日本在住者で3万6,000人の規模となっています。PMP資格は3年ごとに更新する必要があります。詳細はPMI日本支部ホームページ（https://www.pmi-japan.org/）でご確認ください。

PMIでは倫理規定も設定しています。重要な価値観として次の4つをPMI会員及びPMP有資格者は守るよう定めています。

- 責任：意思決定と行動のオーナーシップ
- 尊敬：人々と資源の適切な取扱い
- 公平：客観的で公平な意思決定を行う
- 誠実：真実を理解し、真実に基づいた行動をとる

### PMP資格試験

PMP資格試験は、PMBOKガイドに基づいて行われます。PMBOKガイドにおける概念、プロセスの目的、各プロセスのインプット、アウトプット、ツールと技法などを対象に出題されます。また、多様な場面におけるプロジェクト・マネジャーの意思決定なども出題の範囲であり、PMBOKガイドの内容だけでなく、マネジメント一般の知識・スキルも身につけておくことが必要です。

また、PMPを受験するための必要条件は次の2点です。

- プロジェクト・マネジャーとしての経験、あるいは同等の

第2章 PMBOKガイド概要

# PMP受験資格

| 条件<br>(両方を満たすこと) | 内容 |
|---|---|
| 35時間以上のプロジェクトマネジメントに関する学習実績がある | ・プロジェクトマネジメントに関する研修受講の文書による証明<br>・大学での授業、企業内研修、外部セミナー、講習会が対象<br>・学習期間に制限はない<br>・学習内容がPMBOKガイドの10の知識エリアに関連していること |
| プロジェクトマネジメントを指導・監督する立場での経験がある。経験基準はa)、b)のいずれかを満たすこと | **a) 大学卒業(学士)以上で、以下の条件をすべて満たすこと**<br>・プロジェクトマネジメント経験が4,500時間以上あること<br>・過去8年間以内に3年間(36カ月以上)にわたること<br>・異なるプロジェクトで重複する期間は算入しない<br>・PMBOKガイドの5つのプロセスグループに関連すること<br><br>**b) 高校卒業またはそれに準じ、以下の条件をすべて満たすこと**<br>・プロジェクトマネジメント経験が7,500時間以上あること<br>・過去8年間以内に5年間(60カ月以上)にわたること<br>・異なるプロジェクトで重複する期間は算入しない<br>・PMBOKガイドの5つのプロセスグループに関連すること |

実務経験
- 35時間のプロジェクトマネジメントの公式な学習時間

## プロセス群の出題分野と割合

プロセス群の出題分野と割合は以下の通りです。

- プロジェクトの立上げ……13%
- プロジェクトの計画……24%
- プロジェクトの実行……30%
- プロジェクトの監視・コントロール……25%
- プロジェクトの終結……8%

# 2-3 PMBOKの構成

PMBOK第6版は、大きくパート1、パート2の2部構成となっています。それぞれ次の通りです。

## 「パート1 プロジェクトマネジメント知識体系ガイド（PMBOKガイド）」

### ①はじめに

プロジェクト、プロジェクトマネジメントなどプロジェクトの基本的要素に関する解説

### ②プロジェクトの運営環境

プロジェクト組織、組織のプロセス資産についての解説

### ③プロジェクト・マネジャーの役割

プロジェクト・マネジャーの役割、そのために必要なコンピテンシーに関する解説

### ④プロジェクトマネジメント10の知識エリア

PMBOKガイドのメインテーマである10の知識エリアに関して、プロジェクトマネジメント・プロセス群に従って解説

## 「パート2 プロジェクトマネジメント標準」

- はじめに
- 立上げプロセス群
- 計画プロセス群
- 実行プロセス群
- 監視・コントロール・プロセス群
- 終結プロセス群

プロジェクトの「立上げ」「計画」「実行」「監視・コントロール」「終結」の5つのプロセス群ごとに、10の知識エリ

# 第2章 PMBOKガイド概要

# PMBOKガイドの構成

## パート1

1. はじめに
2. プロジェクトの運営環境
3. プロジェクト・マネジャーの役割
4. プロジェクト統合マネジメント
5. プロジェクト・スコープ・マネジメント
6. プロジェクト・スケジュール・マネジメント
7. プロジェクト・コスト・マネジメント
8. プロジェクト・品質マネジメント
9. プロジェクト・コミュニケーション・マネジメント
10. プロジェクト・リスク・マネジメント
11. プロジェクト・調達マネジメント
12. プロジェクト・ステークホルダー・マネジメント

## パート2

1. はじめに
2. 立上げプロセス群
3. 計画プロセス群
4. 実行プロセス群
5. 監視・コントロール・プロセス群
6. 終結プロセス群

アの何をどのように使ってプロジェクトを進めていくのか、一つの標準プロセスを解説しています。詳細は、第三部で解説します。

# 2-4 PMBOK 10の知識エリア

## 知識エリアとは

PMBOKガイドでは、プロジェクトを進めていく上で常に心がけるべき重要な事項を10の知識エリアとして定義しています。PMBOKガイド第4版では9の知識エリアでしたが、第5版から「ステークホルダー・マネジメント」が「コミュニケーション・マネジメント」から独立して10の知識エリアとなりました。プロジェクトの利害関係者であるステークホルダーは、社会的なプロジェクトにおいては特に広範囲で考える必要があるため、その重要性から独立させたのです。

PMBOKガイドは、世界のプロジェクト・マネジャーの「優れた実務慣行」を集大成したものです。プロジェクトマネジメントの適用範囲の拡大や、プロジェクトを取り巻く環境の変化から求められたもの、あるいはプロジェクト・マネジャーの努力により開発されてきたものが改訂を重ねるごとに知識エリアの数は変わってきています。

## 10の知識エリア

10の知識エリアは以下の通りです(数字はPMBOKガイドで使用されているもの)。

- 4. プロジェクト統合マネジメント
- 5. プロジェクト・スコープ・マネジメント
- 6. プロジェクト・スケジュール・マネジメント
- 7. プロジェクト・コスト・マネジメント
- 8. プロジェクト品質マネジメント
- 9. プロジェクト資源マネジメント
- 10. プロジェクト・コミュニケーション・マネジメント

# プロジェクト・マネジメント・プロセスの構造

- 11. プロジェクト・リスク・マネジメント
- 12. プロジェクト調達マネジメント
- 13. プロジェクト・ステークホルダー・マネジメント

プロジェクト活動は49の「プロジェクトマネジメント・プロセス」で構成されています。各知識エリアにおける「プロジェクトマネジメント・プロセス」は成果物を生みだすための一連の活動を意味します。その構造は図の通りです。

「インプット」とは、作業の開始に必要な項目、情報を意味します。このインプットをアウトプットに変換するために使用するツールや技法を「ツールと技法」、でき上がった要素成果物を「アウトプット」としています。前工程の作業の「アウトプット」が次の作業の「インプット」となることも多く、各プロセスは密接に関係しています。

# 2-5 10の知識エリアとプロジェクトマネジメント・プロセス群の関係

## 10の知識エリアと5つのプロセス群の関係

　PMBOK ガイドでは、パート1で10の知識エリアごとに各プロセスを解説し、パート2では、5つのプロセス群の順番で、各プロセスを解説しています。

　10の知識エリアとプロジェクトマネジメント5つのプロセス群の関係は、マトリックスで表せます。横軸でプロジェクトのフェーズを「立上げ」「計画」「実行」「監視・コントロール」「終結」の5つのプロセス群に分け、縦軸で10の知識エリアとして、マトリックスで分類しています。

　10の知識エリアが、5つのプロジェクトマネジメント・プロセス群すべてに関連しているわけではありません。その関係は、次ページの表で確認してください。

第2章 PMBOKガイド概要

# 10の知識エリアと5つのプロセス群の関係

| 知識エリア | プロジェクトマネジメント・プロセス群 | | | | |
|---|---|---|---|---|---|
| | 立上げプロセス群 | 計画プロセス群 | 実行プロセス群 | 監視・コントロール・プロセス群 | 終結プロセス群 |
| 統合マネジメント | 4.1プロジェクト憲章の作成 | 4.2プロジェクトマネジメント計画書の作成 | 4.3プロジェクト作業の指揮・マネジメント<br>4.4プロジェクト知識のマネジメント | 4.5プロジェクト作業の監視・コントロール<br>4.6統合変更管理 | 4.7プロジェクトやフェーズの終結 |
| スコープ・マネジメント | | 5.1スコープ・マネジメントの計画<br>5.2要求事項の収集<br>5.3スコープの定義<br>5.4WBSの作成 | | 5.5スコープの妥当性確認<br>5.6スコープのコントロール | |
| スケジュール・マネジメント | | 6.1スケジュール・マネジメントの計画<br>6.2アクティビティの定義<br>6.3アクティビティの順序設定<br>6.4アクティビティ所要期間の見積り<br>6.5スケジュールの作成 | | 6.6スケジュールのコントロール | |
| コスト・マネジメント | | 7.1コスト・マネジメントの計画<br>7.2コストの見積り<br>7.3予算の設定 | | 7.4コストのコントロール | |
| 品質マネジメント | | 8.1品質マネジメントの計画 | 8.2品質のマネジメント | 8.3品質のコントロール | |
| 資源マネジメント | | 9.1資源マネジメントの計画<br>9.2アクティビティ資源の見積り | 9.3資源の獲得<br>9.4チームの育成<br>9.5チームのマネジメント | 9.6資源のコントロール | |
| コミュニケーション・マネジメント | | 10.1コミュニケーション・マネジメントの計画 | 10.2コミュニケーションのマネジメント | 10.3コミュニケーションの監視 | |
| リスク・マネジメント | | 11.1リスク・マネジメントの計画<br>11.2リスクの特定<br>11.3リスクの定性的分析<br>11.4リスクの定量的分析<br>11.5リスク対応の計画 | 11.6リスク対応策の実行 | 11.7リスクの監視 | |
| 調達マネジメント | | 12.1調達マネジメントの計画 | 12.2調達の実行 | 12.3調達のコントロール | |
| ステークホルダー・マネジメント | 13.1ステークホルダーの特定 | 13.2ステークホルダー・エンゲージメントの計画 | 13.3ステークホルダー・エンゲージメントのマネジメント | 13.4ステークホルダー・エンゲージメントの監視 | |

出典：PMBOKガイド第6版

# 2-6 PMBOKガイド第6版の主な改訂点

## 5つの改訂点

PMBOKガイド第6版では、大きく以下の5つの改訂がなされました。

①構成をパート1、パート2の二部構成とした
②10の知識エリアで2つの改訂が行われた
　（1）タイム・マネジメントをスケジュール・マネジメントに変更
　（2）人的資源マネジメントを資源マネジメントに変更
③プロジェクトマネジメント・プロセスを47から49に変更
④知識エリアにおいて次の4つのトピックスを追加
　（1）主要概念
　（2）傾向と新たな実務慣行
　（3）テーラリングの考慮事項
　（4）アジャイル型環境や適応型環境の考慮事項
⑤プロジェクト・マネジャーの役割に関するセッションの追加

## 改訂のポイント

改訂のポイントを解説すると、②－（1）は「スケジューリングあってのタイム・マネジメント」とのことからの名称変更です。②－（2）は3つの制約要件のコストを、人的資源だけでなく、他の設備・素材等の資源も含める形で変更です。

③のプロジェクトマネジメント・プロセスについては、3つ追加1つ削減です。

①追加したプロセス：

第2章 PMBOKガイド概要

# PMBOKガイド第6版の改訂点

## 1. 全体構成をパート1、パート2の二部構成とした

## 2. 10の知識エリアにおいて以下の2つの改訂
   ❶ タイム・マネジメントをスケジュール・マネジメントに変更
   ❷ 人的資源マネジメントを資源マネジメントに変更

## 3. 各知識エリアに以下の4つのトピックスを追加
   ❶ 主要概念
   ❷ 傾向と新たな実務慣行
   ❸ テーラリングの考慮事項
   ❹ アジャイル型環境や適応型環境の考慮事項

## 4. プロジェクトマネジメント・プロセスは、47から49に変更

## 5. プロジェクト・マネジャーの役割に関するセッションの追加

- 「4.4 プロジェクト知識のマネジメント」
- 「9.6 資源のコントロール」
- 「11.6 リスク対応策の実施」

②削減したプロセス：

- 「12.4 調達の終結」

　⑤については、プロジェクトマネジメントの戦略およびビジネス戦略にコミットすることをプロジェクト・マネジャーの役割の1つとし、PMIの設定する「PMIタレント・トライアングル」をプロジェクト・マネジャーに求められるコンピテンシーとして位置づけています。

「PMIタレント・トライアングル」については、第3章「3－8」で詳細に解説します。

# 第3章

# プロジェクト組織と
# プロジェクト・
# マネジャーの役割

# 3-1 プロジェクト組織の環境要因

## プロジェクト組織の環境要因とは

プロジェクト実施の際の重要な要素として、「プロジェクト組織」と「プロジェクト組織の環境要因」があります。

プロジェクト組織については後述しますが、「プロジェクト組織の環境要因」とは、プロジェクトの成果に大きな影響を与える、プロジェクトを取り巻く要素です。PMBOKガイドでは、EEFと英語表記されますが、「Enterprise Environmental Factor」のことです。

EEFには組織内EEFと組織外EEFがあります。

### ①組織内EEF

- 組織の文化、構造、ガバナンス
- 施設や資源の地理的分布
- インフラストラクチャー
- 情報技術ソフトウェア
- 資源の可用性
- 社員の能力

### ②組織外EEF

- 市場の状況
- 社会的、文化的な影響と課題
- 法的規制
- 学術研究
- 国家標準、業界標準
- 財務上の考慮事項

組織の環境要因のほか、組織のプロセス資産もプロジェクトを効果的に推進する上で重要な要素です。

# プロジェクト組織の環境要因

## 組織内 EEF

- 組織の文化、構造、ガバナンス
- 施設や資源の地理的分布
- インフラストラクチャー
- 情報技術ソフトウエア
- 資源の可用性
- 社員の能力

## 組織外 EEF

- 市場の状況
- 社会的、文化的な影響と課題
- 法的規制
- 学術研究
- 国家標準、業界標準
- 財務上の考慮事項

## 組織のプロセス資産

プロジェクトの効率的推進には、組織の環境要因に加え、組織のプロセス資産の有効活用も重要です。組織のプロセス資産とは、組織の中で長年の経験を通じて積み上げられてきたプロセス、方針および手続き、そして知識ベースなどです。

PMBOK ガイドなどのプロジェクトマネジメント手法の普及していない時代でも、企業・組織は多くのプロジェクトや商品開発を行ってきています。この経験から積み上げられてきた資産は重要な要素です。

## 3-2 組織構造のタイプ

### プロジェクトの組織構造の決定

プロジェクトを遂行する組織は、企業の組織構造や企業文化と大きな関連性を持っています。プロジェクトの目的によって、プロジェクトを遂行する組織構造も異なってきます。

プロジェクトの組織構造を決定するときは、次の事項を考慮し、最適化を図ることが求められます。

- 組織目標との整合性
- 効率的な統制できる範囲
- 意思決定のプロセス
- 有効かつ効率的なコミュニケーション
- スコープと権限の関連性
- 物理的な場所

企業が全社的な経営改革を行うプロジェクトでは、組織全体をプロジェクト型組織に改編することもあります。部門の中で完結する製品開発プロジェクトでは、部門のメンバーで構成するプロジェクト・チームを中心とした組織で臨むでしょう。スポンサー会社から受注したプロジェクトでも、企業の広範な部門のサポートが必要で、複数のプロジェクトを立ち上げる必要があるときは、プロジェクト全体を統括する組織である「プロジェクトマネジメント・オフィス（PMO）」を設置して対応することもあります。どのようなプロジェクト組織でプロジェクトを遂行するにしても、プロジェクト・マネジャーに付与される権限、役割、さらには人事評価制度、報奨制度などがプロジェクトの成否に影響してきますので、最適なプロジェクトの組織構造を選択する必要があります。

# 3つのプロジェクト組織構造

| 組織構造<br>プロジェクト<br>特性 | 機能型 | マトリックス型 | | | プロジェクト型 |
|---|---|---|---|---|---|
| | | 弱い<br>マトリックス型 | バランス・<br>マトリックス型 | 強い<br>マトリックス型 | |
| プロジェクト・<br>マネジャーの権限 | ほとんど無し<br>または無し | 限定的 | 低～中 | 中～高 | 高～<br>ほとんど全て |
| 利用可能な資源 | ほとんど無し<br>または無し | 限定的 | 低～中 | 中～高 | 高～<br>ほとんど全て |
| プロジェクト予算を<br>管理する人 | 機能部門<br>マネジャー | 機能部門<br>マネジャー | 混合 | プロジェクト・<br>マネジャー | プロジェクト・<br>マネジャー |
| プロジェクト・<br>マネジャーの役割 | パート・タイム | パート・タイム | 専任 | 専任 | 専任 |
| プロジェクトマネジ<br>メント事務スタッフ | パート・タイム | パート・タイム | パート・タイム | 専任 | 専任 |

出典：PMBOK第4版

## プロジェクトの組織構造の種類

プロジェクトの組織構造は次の3つに大別できます。

①機能型組織
②プロジェクト型組織
③マトリックス型組織

マトリックス型組織は、さらに3つに分けられます。

（1）強いマトリックス型組織
（2）弱いマトリックス型組織
（3）バランス・マトリックス型組織

この3つのプロジェクト組織は、それぞれにメリット、デメリットがあります。次項以降でそれらについて解説します。

# 3-3 機能型組織

## 機能型組織とは

機能型組織は、従来から企業の中で広く採用されている組織構造です。伝統的組織構造と言ってよいでしょう。

機能型組織は、専門分野ごとに組織を縦割りに構成します。人事部門、財務部門、営業部門、開発部門などがこれに当たります。

## 機能型組織におけるプロジェクト・マネジャーの役割

機能型組織においては、プロジェクトの遂行プロセスに従って、組織間で業務が引き継がれていくことが一般的です。そのため、チーム・メンバーは機能部門のメンバーで構成され、プロジェクト・マネジャーの役割は、機能部門のマネジャーが果たします。プロジェクト全体の調整は、ぞれぞれの機能部門のマネジャー間で行われます。このような機能型組織でプロジェクトを遂行し、成果を収めた事例は数多くあります。

他方、機能型組織のプロジェクトに、プロジェクトをマネジメントするプロジェクト・マネジャーを横断的に置くこともあります。このケースでは、プロジェクト・マネジャーの役割も権限も限定的となります（肩書はプロジェクト・マネジャーではなく、プロジェクト・リーダーというケースが多いです）。プロジェクト・マネジャーの役割はパートタイマー的であり、リソースの活用などの公式な権限も限定的です。プロジェクト・マネジャーにとっては、権限が限定された環境下での機能部門のマネジャー、チーム・メンバーとの間の優れたコミュニケーション・スキルや交渉スキルの発揮が強く要求されます。

# 機能型組織

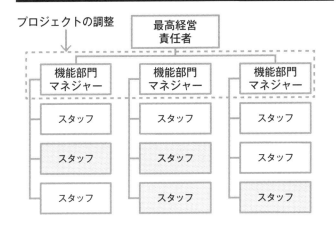

出典：PMBOK第4版

## 機能型組織のメリットとデメリット

### ①メリット

- 持続的な組織構造で、チーム・メンバーの忠誠心が強い
- 機能別にキャリアパスを明確に提示することができる
- 専門的知識・技術を発揮しやすい
- 明確な指揮命令系統が存在する

### ②デメリット

　チーム・メンバーもプロジェクトと定常業務の兼務が多くなり、プロジェクトの組織内で優先順位が不明確になりやすくなります。

# 3-4 プロジェクト型組織

## プロジェクト型組織とは

プロジェクト型組織は前項の機能型組織の対極に位置づけられます。この組織はプロジェクトに焦点を当てます。

プロジェクト型組織では、組織の資源はプロジェクトの業務にのみ投入されます。チーム・メンバーはプロジェクトのために招集され、プロジェクトの終了とともに解散します。

## プロジェクト型組織におけるプロジェクト・マネジャーの役割

プロジェクト・マネジャーはプロジェクトに対して絶対的な権限を持ち、チーム・メンバーを選定し、仕事を割り当て、予算を策定し、プロジェクトを遂行します。

プロジェクト・マネジャーはプロジェクトの状況をオーナーに直接報告することになります。支援部門である人事部門のマネジャーも、財務部門のマネジャーも、プロジェクト・マネジャーの要望に応えることを要請され、報告もプロジェクト・マネジャーに対して行われます。

## コロケーション

プロジェクト型組織を採用する場合、プロジェクトのチーム・メンバーは、物理的に同じ場所に集められることが多くあります。これをコロケーションと呼びます。

最近では、プロジェクト型組織を採用する企業は、オフィスの形態も自分の机を定めずに空いている所で自由に仕事をするフリーアドレス型を採用しているところもあり、プロジェクト・チームがコロケーションを採用しやすい環境を整えています。

第3章 プロジェクト組織とプロジェクト・マネジャーの役割

# プロジェクト型組織

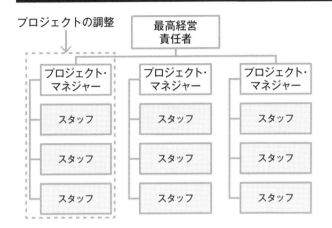

出典：PMBOK第4版

## プロジェクト型組織のメリットとデメリット

### ①メリット

- プロジェクト・メンバーがプロジェクトおよびプロジェクトの仕事に集中できる
- プロジェクト・マネジャーはプロジェクトに対し、絶対的な権限を持つ

### ②デメリット

- チーム・メンバーはプロジェクトごとに所属するチームが変わり、忠誠心が薄れがちである
- チーム・メンバーのキャリアパスが形成しづらく、メンバーのキャリアパスに対する目標設定が求められる
- 人事評価に関して、プロジェクト・マネジャーと組織部門マネジャーとの役割分担の明確化が困難

# 3-5 マトリックス型組織

## マトリックス型組織とは

マトリックス型組織は、機能型組織とプロジェクト型組織の特徴を組み合わせた組織です。機能型組織の持つ階層構造を維持しつつ、プロジェクト型組織の持つプロジェクトへの集中力を活かした組織と言えます。

マトリックス型組織は、次のような特徴を持っています。

- チーム・メンバーは機能部門のマネジャーとプロジェクト・マネジャーの両方に報告する。機能部門のマネジャーは、プロジェクトの分担分の作業に必要なリソース（スタッフ）を割り当てる。また、プロジェクトに従事しているスタッフの作業の内容にも責任を持つ。プロジェクト・マネジャーはプロジェクトを遂行し成果を出す責任を負う
- チーム・メンバーの業績評価は、機能部門のマネジャーとプロジェクト・マネジャーの両者が責任を持つ
- 機能部門のマネジャーとプロジェクト・マネジャーとの間のコミュニケーションと交渉が多く発生し、それがプロジェクトの成功をも左右する

## マトリックス型組織の分類

機能部門のマネジャーとプロジェクト・マネジャーの間の力のバランスによって、マトリックス型組織は、次の3つに分類されます。

### ①強いマトリックス型組織

この組織では、機能部門のマネジャーよりも、プロジェクト・マネジャーに権限があります。多くの場合、経営組織に近いところにプロジェクト・マネジャーを統括する組織が組

第3章 プロジェクト組織とプロジェクト・マネジャーの役割

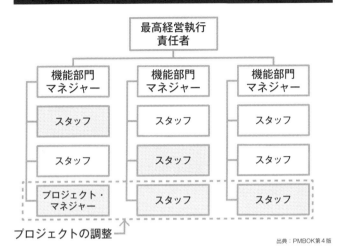

出典：PMBOK第4版

み込まれ、多くの権限を付与しています。

### ②弱いマトリックス型組織

機能部門のマネジャーに権限のほとんどがあります。プロジェクト・マネジャーはプロジェクトを円滑に進めるための推進者の役割です。

### ③バランス・マトリックス型組織

この組織では、プロジェクト・マネジャーと機能部門マネジャー間の力関係のバランスをとった権限が付与されます。プロジェクト組織構造はプロジェクト・メンバーの人件費をどのように負担するかにも影響を与えます。機能型組織は、所属する組織が人件費を負担し、プロジェクト型組織は、プロジェクトで人件費を負担し、マトリックス型組織は、仕事の割合で人件費の負担の比率を決めるようなことが行われます。

# 3-6 プロジェクトマネジメント・オフィス（PMO）

## PMOとは

プロジェクトマネジメント・オフィス（PMO：Project Management Office）とは、PMBOK第6版では「プロジェクトに関連するガバナンス・プロセスを標準化し、資源、方法論、ツールおよび技法の共有を促進するマネジメント構造」と定義されています。

## PMOの役割

PMOの役割は次のようなものです。

- 組織の戦略目標に対しての達成状況の評価
- 組織のポートフォリオ、プログラム、およびプロジェクトの優先順位決定
- PMO管轄下のすべてのプロジェクトに対する共有資源のマネジメント
- プロジェクトマネジメントの方法論、ベスト・プラクティス、及び標準の特定と開発
- プロジェクト監査を行い、プロジェクトマネジメントの標準方針、手順、テンプレートの遵守状況の監視
- プロジェクト間のコミュニケーションの調整

## PMOの3種類の形態

PMOの形態は、組織のニーズにより異なりますが、以下の3つの形態に区分されます。

### ①支援型

プロジェクトへの助言役。コントロールの度合いは低い。

### ②コントロール型

計画の順守への助言役。コントロールの度合いは中。

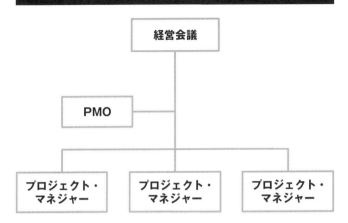

# PMOの組織上の位置づけ（例）

### ③指揮型

　プロジェクトを直接マネジメントし、プロジェクトを掌握する。コントロールの度合いは高い。プロジェクトは期限が定まった活動なので、プロジェクトが終了した後は、必然的に組織は解散されるか、定常業務の組織に移管される。そのため、プロジェクト活動中に蓄積した活動の経過や実績、ノウハウや教訓を残すことが難しくなる。

　PMOの役割や機能として、プロジェクトの活動の結果、得られた情報を組織として一元管理し、データベース化し、次のプロジェクトに適用することで、プロジェクトの利益率を改善することが挙げられます。

　PMOは、組織のプロジェクトマネジメントの知識とスキル向上のために、育成計画を考える役割も持ちます。

# 3-7 プロジェクト・マネジャーの定義と役割

## プロジェクト・マネジャーとは

プロジェクト・マネジャーは、PMBOKガイドでは「母体組織によって任命された人で、チームを率いてプロジェクト目標を達成する責任を負う」と定義されています。つまり、プロジェクトの計画と実行に関して、総合的な責任を持つ役割の人を指します。プロジェクト・マネジャーは、正式にはプロジェクト憲章で公式に任命され、権限が明示されます。

プロジェクトマネジメントは「プロジェクトの要求事項を満足させるために、知識、スキル、ツールと技法をプロジェクト活動に適用すること」ですから、プロジェクト・マネジャーはそれを実行する人になります。プロジェクト遂行のためには、戦略的指向と顧客指向、目標達成への意欲が求められます。

## プロジェクト・マネジャーの活動

プロジェクト・マネジャーには、プロジェクトを通して、次のような活動が求められます。

- 立上げから終了まで一貫したプロジェクトへの関与
- プロジェクト目標とステークホルダーの期待に応えるようプロジェクト・チームを導く
- スポンサー、ステークホルダー、チーム・メンバー間のコミュニケーションをとる
- ネゴシエーション・スキル、コンフリクト・マネジメント・スキル、動機づけスキルなどを駆使し、チーム・ビルディングやコンセンサスを得る活動を行う
- 組織の公式なネットワークや自らが構築する非公式なネッ

第3章 プロジェクト組織とプロジェクト・マネジャーの役割

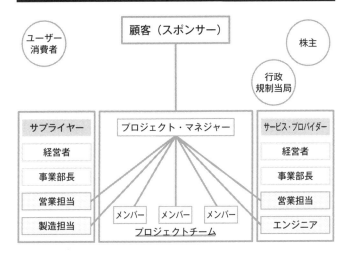

トワークを活用し、ステークホルダーとの複雑なコミュニケーションをとる

# 3-8 プロジェクト・マネジャーのコンピテンシー

## コンピテンシーとは

コンピテンシー（Competency）とは、プロジェクト・マネジャーが職務遂行する上で求められる能力のことを指します。単なる能力（スキル）だけでなく、人間性や人格などの要素も含みます。

PMIでは、プロジェクト・マネジャーに求められるコンピテンシーを「タレント・トライアングル（Talent Triangle）として発表しています。

## 3つのスキル・エリア

プロジェクト・マネジャーは、次の3つのスキル・セットをバランスよく持ち合わせておく必要があります。

### ①テクニカル・プロジェクトマネジメント・スキル

プログラムまたはプロジェクトで望ましい成果を得るためにプロジェクトマネジメント知識を効果的に適用するスキルと定義されます。PMBOKガイドの10の知識エリアで説明されているものですが、プロジェクトマネジメントの中核であるスキルです。

### ②戦略的およびビジネスのマネジメント・スキル

PMBOKガイドでは「組織全体をハイレベルな視点で把握し、戦略的提携と技術革新をサポートする意思決定と行動を効果的に交渉しかつ展開する能力を含む」と説明されています。組織のミッション、経営目標を理解し、プロジェクトの事業価値を最大化するように戦略を展開する能力で、財務、マーケティングおよび定常業務といった他の機能の実用的な知識も必要とされます。

# PMIタレント・トライアングル

PMBOKガイド第6版より

### ③リーダーシップ・スキル

チームを統率し、モチベーションを与えながら目標達成へと導いていく能力です。

交渉力、レジリエンス（精神的復元力）、コミュニケーション力、論理的問題解決力、および人間関係のスキルなども求められます。

さらにリーダーの資質としては、次のような要素も求められます。

- 明確なビジョンを持っている
- 楽観的でポジティブである
- 協調的である
- コンフリクト・マネジメントができる
- 倫理的であり、他者の自立性保持を支援する

# 3-9 リーダーシップとマネジメントの比較

## リーダーシップとマネジメントの違い

リーダーシップとマネジメントは混同して使われることが多い言葉です。この2つを区別して定義しておくことが必要です。

PMBOKガイドでは、両者は次のように定義されています。

### ①リーダーシップ

他者をある地点から別の地点へと導くために議論や討議を通して他者とともに物事を進めること

### ②マネジメント

期待される既知の行動を通して他者をある地点から別の地点へ到達するように導くこと

マネジメントが既知の行動を通して行うことに対し、リーダーシップは、方法論やプロセスは見えないものの、他者との議論や討議を通じて解を見つけ出していくスキルと言えます。

プロジェクトで成功を収めるためには、プロジェクト・マネジャーがリーダーシップとマネジメントの両方を使いこなし、直面する状況に対して適切なバランスで維持することが必要です。

## リーダーシップのスタイル

プロジェクト・マネジャーはチームを様々な方法で導きますが、そのスタイルは個人の強みや関連する複数の要因の組み合わせで決まっていきます。要因によって、時とともに変化することもありますが、留意すべき要因として次のようなものがあります。

# リーダーシップとマネジメントの比較

| マネジメント | リーダーシップ |
| --- | --- |
| 職権を利用して指揮する | 関係を利用して働きかけを行う、協業 |
| 維持する | 開発する |
| 管理する | 革新する |
| 仕組みや構造に重点を置く | 人との関係性に注力する |
| コントロールに頼る | 信頼を勝ち取る |
| 短期的な目標達成に注力する | 長期的目標達成に重点を置く |
| 「いつ、どのように」と尋ねる | 「なぜ、何を」を尋ねる |
| 利益重視 | 可能性重視 |
| 現状維持を受け入れる | 現状の革新に挑戦する |
| 直面する課題解決に注力する | ビジョン、動機づけに注力する |

- リーダーの特性(価値観、倫理観、ニーズ、態度、気分)
- チーム・メンバーの特性(価値観、倫理観、ニーズ、態度、気分)
- 組織の特性(組織構造、組織風土、作業のタイプ)
- 環境特性(社会情勢、経済状態)

# 第二部

プロジェクト
マネジメント
10の知識エリア

第二部では、PMBOKガイドの中核をなす、10の知識エリアについて解説します。

　PMBOKガイド第6版では、各知識エリアに4つの導入トピックス、すなわち「主要概念」「傾向と新たな実務慣行」「テーラリングの考慮事項」「アジャイル型環境や適応型環境への考慮事項」の4つが追加されています。

　また、プロジェクトマネジメントは5つのプロジェクトマネジメント・プロセス群、49のプロジェクトマネジメント・プロセスで構成されており、それらが10の知識エリアに分散されて位置づけられています。

　これを踏まえ、各知識エリアの構成を次のようにします。

## 【各知識エリアの構成】
### ①序論

- 主要概念（定義）
- 最近の動向（傾向と新たな実務慣行）
- テーラリングの考慮事項
- アジャイル型環境や適応型環境への考慮事項

（上記4項は主要な項目に絞ります）

- プロセス群の全体像

- 各プロセス群に含まれるプロセス

## ②各プロセスの解説

- プロセスの概要
- [ インプット ] → [ ツールと技法 ] → [ アウトプット ]

10の知識エリアのプロセスの説明は、「インプット」「ツールと技法」「アウトプット」を主なものに絞って説明します。

10の知識エリアとプロジェクトマネジメント5つのプロセス群の関連は、2 - 5の図表（45ページ）で確認してください。

# 第4章

# プロジェクト統合マネジメント

# 序論　プロジェクト統合マネジメントとは

## 主要概念

プロジェクト統合マネジメントをPMBOKガイド第6版では、次のように定義しています。

「プロジェクトマネジメント・プロセス群内の各種プロセスと、プロジェクトマネジメント活動の特定、定義、統合、統一、調整などを行うために必要なプロセス、行動」

プロジェクト統合マネジメントは、プロジェクト全体のつながりと調整を行い、プロジェクトを総合的に最適化するプロセス群です。これはプロジェクト・マネジャー固有の領域です。他の9つの知識エリアでは行うことのできない事項を含め、プロジェクトマネジメントの中心的な役割を担うプロセスです。

## 最近の動向

アジャイル型アプローチ、視覚化のためのマネジメント・ツールなど、さまざまな開発アプローチやツールと技法が開発されています。またプロジェクト・マネジャーは組織の戦略目標達成に貢献することが求められています。

## テーラリングの考慮事項

プロジェクト・ライフサイクル、開発のライフサイクル、マネジメントの手法、知識マネジメントなどが実務適用上の考慮事項となります。

## アジャイル型環境や適応型環境への考慮事項

チーム・メンバーの関与の促進、計画と作成のコントロールのチーム・メンバーへの権限移譲などが必要となります。

# プロジェクト統合マネジメント

| プロジェクトマネジメント・プロセス群 | 第4章 プロジェクト統合マネジメント |
|---|---|
| 立上げプロセス群 | 4.1「プロジェクト憲章の作成」 |
| 計画プロセス群 | 4.2「プロジェクトマネジメント計画書の作成」 |
| 実行プロセス群 | 4.3「プロジェクト作業の指揮・マネジメント」<br>4.4「プロジェクト知識のマネジメント」 |
| 監視・コントロール・プロセス群 | 4.5「プロジェクト作業の監視・コントロール」<br>4.6「統合変更管理」 |
| 終結プロセス群 | 4.7「プロジェクトやフェーズの終結」 |

## プロジェクト統合マネジメントのプロセス

プロジェクト統合マネジメントは次の7つのプロセスから構成されます。

- 立上げプロセス群:「プロジェクト憲章の作成」
- 計画プロセス群:「プロジェクトマネジメント計画書の作成」
- 実行プロセス群:「プロジェクト作業の指揮・マネジメント」「プロジェクト知識のマネジメント」
- 監視・コントロール・プロセス群:「プロジェクト作業の監視・コントロール」「統合変更管理」
- 終結プロセス群:「プロジェクトやフェーズの終結」

# 4-1 立上げプロセス「プロジェクト憲章の作成」

## 概略

プロジェクトを立ち上げるにあたっての最初の作業が「プロジェクト憲章の作成」です。

プロジェクト憲章の作成は、プロジェクト・マネジャーを任命し、組織の資源をプロジェクト活動に活用する権限を公式に付与する文書を作成し、発行するプロセスです。

このプロセスは、主にプロジェクトのスポンサーや上級マネジャーが行いますが、日本の企業(外資系を除く)においては、プロジェクト・マネジャー自身が作成し、スポンサーや上級マネジャーの承認を得ることもよく行われています。

## プロセス

### ①インプット

ビジネス文書、(顧客との)合意書、組織体の環境要因、組織のプロセス資産

### ②ツールと技法

専門家の判断、データ収集、人間関係とチームに関するスキル、会議

### ③アウトプット

プロジェクト憲章(主要なアウトプット)、前提条件をまとめたログ

## 構成要素

プロジェクト憲章には、次の項目が記載されることが必要です。

- プロジェクトの目的、プロジェクト実施の背景
- プロジェクトの目標、成功の判断基準

第4章 プロジェクト統合マネジメント

# プロジェクト憲章の作成

| インプット | ❶ビジネス文書<br>❷合意書<br>❸組織体の環境要因<br>❹組織のプロセス資産 |
|---|---|
| ツールと技法 | ❶専門家の判断<br>❷データ収集<br>❸人間関係とチームに関するスキル<br>❹会議 |
| アウトプット | ❶プロジェクト憲章<br>❷前提条件ログ |

- 要求事項概略
- 主要マイルストーンおよびスケジュール
- プロジェクト・マネジャーとスポンサー

# 4-2 計画プロセス「プロジェクトマネジメント計画書の作成」

## 概略

すべての補助の計画書を定義・作成・統合・調整するために必要な行動を文書化し、「プロジェクトマネジメント計画書」として統合するプロセスです。計画書は運営上のルール、方法論などをまとめたものです。

## プロセス

### ①インプット

プロジェクト憲章、他の知識エリアで作成したアウトプット（マネジメント計画書など）、組織体の環境要因、組織のプロセス資産

### ②ツールと技法

専門家の判断、データ収集、人間関係とチームに関するスキル、会議

### ③アウトプット

プロジェクトマネジメント計画書

## 構成要素

プロジェクトマネジメント計画書は、他の知識エリアの計画プロセス群の計画書作成のインプット情報になります。計画書は進捗にしたがって情報が追加され、変更されます。

プロジェクトマネジメント計画書作成は、次の構成要素を含み、他の知識エリアの計画プロセス群の活動を統合します。

- 選択されたプロジェクトマネジメント・プロセス
- 選択した各プロセスの実行方法
- プロセス実行時に使用するツールと技法
- 変更の管理・コントロール方法

# プロジェクトマネジメント計画書の作成

| インプット | ❶プロジェクト憲章<br>❷他のプロセスからのアウトプット<br>❸組織体の環境要因<br>❹組織のプロセス資産 |
|---|---|
| ツールと技法 | ❶専門家の判断<br>❷データ収集<br>❸人間関係とチームに関するスキル<br>❹会議 |
| アウトプット | ❶プロジェクトマネジメント計画書 |

- コンフィギュレーション・マネジメント計画書(成果物の機能・物理的などの特性を特定)
- 代替案、競合分析

## 補助の計画書に含まれるもの

- スコープ・マネジメント計画書
- スケジュール・マネジメント計画書
- コスト・マネジメント計画書
- 品質マネジメント計画書
- 資源マネジメント計画書
- コミュニケーション・マネジメント計画書
- リスク・マネジメント計画書
- 調達マネジメント計画書
- ステークホルダー・マネジメント計画書

# 4-3 実行プロセス「プロジェクト作業の指揮・マネジメント」

## 概略

プロジェクト成果物を完成させ、目標を達成するために、プロジェクトマネジメント計画で定義された作業を実行するプロセスです。

## プロセス

### ①インプット

プロジェクトマネジメント計画書、プロジェクト文書、承認済み変更要求、組織体の環境要因、組織のプロセス資産

プロジェクト文書は、次のようなものがあります。

- 変更ログ:統合変更管理のアウトプット
- 教訓登録簿:知識のマネジメントのアウトプット
- マイルストーン・リスト:アクティビティの定義のアウトプット
- プロジェクト・スケジュール予測:スケジュールの作成のアウトプット
- リスク登録簿:リスク・マネジメントのアウトプット
- リスク報告書:リスク・マネジメントのアウトプット
- 要求事項トレーサビリティ・マトリックス:要求事項収集のアウトプット

### ②ツールと技法

専門家の判断、プロジェクトマネジメント情報システム、会議

### ③アウトプット

実施済み要素成果物、作業パフォーマンス・データ、課題ログ、変更要求、プロジェクトマネジメント計画書更新版、プ

第4章 プロジェクト統合マネジメント

# プロジェクト作業の指揮・マネジメント

| | |
|---|---|
| インプット | ❶プロジェクトマネジメント計画書<br>❷プロジェクト文書<br>❸承認済み変更要求<br>❹組織体の環境要因<br>❺組織のプロセス資産 |
| ツールと技法 | ❶専門家の判断<br>❷プロジェクトマネジメント情報システム<br>❸会議 |
| アウトプット | ❶成果物<br>❷作業パフォーマンス・データ<br>❸課題ログ<br>❹変更要求<br>❺プロジェクトマネジメント計画書更新版<br>❻プロジェクト文書更新版<br>❼組織のプロセス資産更新版 |

ロジェクト文書更新版など

　要素成果物とは、プロセス、フェーズを完了するために生成する検証可能なプロダクト、サービス、所産です。作業パフォーマンス・データには、要素成果物の生成状況、スケジュールの進捗管理、発生したコストが含まれます。

## 実行プロセス群で必要となる6つのツールと技法

- 一般的マネジメント・スキル
- プロダクトのスキルと知識
- 作業認可システム（作業認可を行うための手続き、文書、追跡システム、規定の承認の職位などを定めている）
- 状況レビュー会議
- プロジェクトマネジメント情報システム
- 組織の手続き

# 4-4 実行プロセス「プロジェクト知識のマネジメント」

## 概略

このプロセスは、PMBOKガイド第6版で新たに追加されました。プロジェクト全体を通じて実施されますが、プロジェクトの成果物を作成したり、改善したりするために組織に資産として存在する既存知識を活用し、プロジェクトで創造された知識を新たに資産として残し、次のプロジェクトや業務に活用するようにします。知識は次の2つに大別されます。

- 形式知：単語、絵、数字を使って容易に文書化できる知識
- 暗黙知：信条、洞察、経験、ノウハウなど、個人的で表現が困難な知識

既存の知識の活用と新しい知識の創造を行うには、形式知と暗黙知の両方を活用することが求められます。また、プロジェクト・チームだけでなく、ステークホルダーの経験、スキル、専門知識を活用することも重要な要素です。

## プロセス

### ①インプット

プロジェクトマネジメント計画書、プロジェクト文書、成果物、組織体の環境要因、組織のプロセス資産

### ②ツールと技法

専門家の判断、知識マネジメント、情報マネジメント、人間関係とチームに関するスキル

### ③アウトプット

教訓登録簿、プロジェクトマネジメント計画書更新版、組織のプロセス資産更新版

## 人間関係とチームに関するスキル

第4章　プロジェクト統合マネジメント

# プロジェクト知識のマネジメント

| インプット | ❶プロジェクトマネジメント計画書<br>❷プロジェクト文書<br>❸成果物<br>❹組織体の環境要因<br>❺組織のプロセス資産 |
|---|---|
| ツールと技法 | ❶専門家の判断<br>❷知識マネジメント<br>❸情報マネジメント<br>❹人間関係とチームに関するスキル |
| アウトプット | ❶教訓登録簿<br>❷プロジェクトマネジメント計画書更新版<br>❸組織のプロセス資産更新版 |

　このプロセスでは、特にチーム・メンバーが保有している「暗黙知」を引き出して活用することが重要であり、そのために必要なスキルとして、次のようなものが挙げられます。

- 「積極的傾聴」：コミュニケーション上の誤解を減らし、コミュニケーションおよび知識の共有を改善する
- 「ファシリテーション」：グループを良好な決定、解決策に効果的に導く
- 「リーダーシップ」：ビジョンを伝え、チーム・メンバーの動機づけを行う
- 「ネットワーキング」：ステークホルダー間の略式な繋がり、関係を確立する
- 「政治的な認識」：組織の政治的環境を考慮した伝達事項の策定に役立つ

# 4-5 監視・コントロール・プロセス「プロジェクト作業の監視・コントロール」

## 概略

プロジェクトマネジメント計画書に定義されたパフォーマンス目標を達成するために、進捗を追跡して、レビューし、統制するプロセスです。

## プロセス

### ①インプット

プロジェクトマネジメント計画書、プロジェクト文書、作業パフォーマンス情報、合意書、組織体の環境要因、組織のプロセス資産

### ②ツールと技法

専門家の判断、データ分析（分析技法）、意思決定、会議

### ③アウトプット

変更要求、作業パフォーマンス報告書、プロジェクトマネジメント計画書更新版、プロジェクト文書更新版

分析技法には、回帰分析、グループ化、原因分析、傾向分析、差異分析、EVMなどがあります。変更要求とは、スコープ、スケジュール、コストを変更する公式、非公式の要求です。

## プロジェクト作業の監視・コントロールでの活動

他の知識エリアの監視・コントロール・プロセス群の活動を統合します。

- 実行と計画との比較
- パフォーマンスを評価し、是正処置や予防処置が必要かどうか判断する
- プロジェクト・リスクを監視し、必要に応じ、リスク対応計画を実行する

第4章 プロジェクト統合マネジメント

# プロジェクト作業の監視・コントロール

| | |
|---|---|
| インプット | ❶プロジェクトマネジメント計画書<br>❷プロジェクト文書<br>❸作業パフォーマンス情報<br>❹合意書<br>❺組織体の環境要因<br>❻組織のプロセス資産 |
| ツールと技法 | ❶専門家の判断<br>❷データ分析<br>❸意思決定<br>❹会議 |
| アウトプット | ❶変更要求<br>❷作業パフォーマンス報告書<br>❸プロジェクトマネジメント計画書更新版<br>❹プロジェクト文書更新版 |

- 情報をタイムリーに維持する
- 状況報告、進捗測定、予測を支援する
- コストとスケジュールの予測を提供する

## 承認済み変更の実施状況の監視

　監視・コントロール・プロセスでは、プロジェクトマネジメント計画書に基づいて、計画と実行の差異を分析します。監視・コントロールをどのように実施するかは、プロジェクト計画書で定義されます。

# 4-6 監視・コントロール・プロセス「統合変更管理」

## 概略

すべての変更要求をレビューし、変更を承認し、要素成果物、組織のプロセス資産、プロジェクト文書、プロジェクトマネジメント計画書への変更のマネジメントを行うプロセスです。このプロセスは、プロジェクト全体を通して行われます。

## プロセス

### ①インプット

プロジェクトマネジメント計画書、プロジェクト文書、作業パフォーマンス報告書、変更要求、組織体の環境要因、組織のプロセス資産

### ②ツールと技法

専門家の判断、変更管理ツール、データ分析など

### ③アウトプット

承認済み変更要求、プロジェクトマネジメント計画書更新版、プロジェクト文書更新版

## 変更の承認

変更要求を承認できるのは、権限のある変更管理委員会か、権限を付与されている者だけです。変更管理委員会（CCB：Change Control Board）とは、プロジェクト・ベースラインの変更の許諾に関する責任を持つ正式に構成されたステークホルダーのグループです。承認、拒否の責任を負います。

変更管理ツールとは、正規のプロジェクト文書を変更する際の手順を決めている正式に文書化された手続きです。事務手続き、追跡システム、必要な承認レベルを含みます。

# 統合変更管理

| | |
|---|---|
| インプット | ❶プロジェクトマネジメント計画書<br>❷プロジェクト文書<br>❸作業パフォーマンス報告書<br>❹変更要求<br>❺組織体の環境要因<br>❻組織のプロセス資産 |
| ツールと技法 | ❶専門家の判断<br>❷変更管理ツール<br>❸データ分析<br>❹意思決定<br>❺会議 |
| アウトプット | ❶承認済み変更要求<br>❷プロジェクトマネジメント計画書更新版<br>❸プロジェクト文書更新版 |

## 統合変更管理の活動

以下の活動を行います。他の知識エリア変更要求の活動を統合します。

- 変更の必要性や変更が起きたことを特定する
- 承認済みの変更のみが実施されることを確認する
- 変更要求をレビューし、承認する
- 変更要求の流れを統制する
- ベースラインをマネジメントする
- 提案された是正処置と予防処置のすべてをレビューし、承認の可否を判断する
- 承認済み変更に基づき、スコープ、タイム、コスト、予算、スケジュール、品質要求事項をコントロールし、更新する

# 4-7 終結プロセス「プロジェクトやフェーズの終結」

## 概略

プロジェクト憲章によって公式に開始されたプロジェクトを公式に終了させる、あるいはあらかじめ定められたフェーズを終了させる手順を定義しているプロセスです。プロジェクトマネジメント計画書をレビューし、すべての作業完了、あるいは目標達成を確実にします。

## プロセス

### ①インプット

プロジェクト憲章、プロジェクトマネジメント計画書、プロジェクト文書、受入れ済み成果物、ビジネス文書、合意書、調達文書、組織のプロセス資産

### ②ツールと技法

専門家の判断、データ分析、会議

### ③アウトプット

最終プロダクト・サービス・所産の移管、組織のプロセス資産更新版、プロジェクト文書更新版、最終報告書

## 成果物の処理

終了に際しては、プロジェクトの成果物(最終プロダクト・サービス・所産)を、事務終了手順に沿って、定常業務に移管する手続きを行います。終結の際、プロジェクトで得られた教訓などを記録することをPMBOKでは推奨しています。

プロダクト(Product)とは、生産され、定量化可能な、それ自身が最終生産物あるいはその構成要素の生産物を言います。所産(Result)とは、プロジェクトマネジメントのプロセスとアクティビティを実行して得られるアウトプットです。

第4章 プロジェクト統合マネジメント

# プロジェクトやフェーズの終結

| インプット | ❶プロジェクト憲章<br>❷プロジェクトマネジメント計画書<br>❸プロジェクト文書<br>❹受入れ済み成果物<br>❺ビジネス文書<br>❻合意書<br>❼調達文書<br>❽組織のプロセス資産 |
|---|---|
| ツールと技法 | ❶専門家の判断<br>❷データ分析<br>❸会議 |
| アウトプット | ❶最終プロダクト・サービス・所産の移管<br>❷組織のプロセス資産更新版<br>❸プロジェクト文書更新版<br>❹最終報告書 |

所産には成果物と文書があります。

## 事後の振り返り

プロジェクト知識マネジメントの観点からは、プロジェクト終了後に、「事後の振り返り」を行い、プロセスの評価、後々への教訓をまとめることが求められます。

教訓を記録として残し、組織の資産とすることは、「暗黙知」を「形式知」に置き換える観点からも重要です。事後の振り返り項目は、次のようなものです。

- プロジェクトから学んだこと
- プロジェクトのスコープについて
- スケジュールについて
- 進捗コントロールについて
- ステークホルダーとの関係について

# 第5章

# プロジェクト・スコープ・マネジメント

# 序論 プロジェクト・スコープ・マネジメントとは

## 主要概念

PMBOK ガイドでは、次のように定義しています。

「プロジェクトを成功裏に完了するために必要なすべての作業を、かつ必要な作業のみをプロジェクトが含むことを確認するために必要なプロセスからなる」

プロジェクト・スコープのマネジメントでは、プロジェクトに何が含まれ、何が含まれないかを定義し、コントロールすることに主眼が置かれています。

## スコープとは

「スコープ」という用語は次のように使用されます。

### ①プロダクト・スコープ

プロダクト・サービス・所産を特徴づけるフィーチャーや機能。

### ②プロジェクト・スコープ

規定されたフィーチャーや機能を持つプロダクト・サービス・所産を生み出すために実行する作業。「プロジェクト・スコープ」という用語は、プロダクト・スコープを含むものとみなされることもある。

## 最近の動向

要求事項はプロジェクトマネジメントにおいて常に懸念事項であり、近年ますます重要性を増してきています。要求事項の収集プロセスは、ビジネスアナリシスの分野と重複するため、ビジネスアナリストとの協力的なパートナーシップが重要です。

# プロジェクト・スコープ・マネジメント

| プロジェクトマネジメント・プロセス群 | 第5章 プロジェクト・スコープ・マネジメント |
|---|---|
| 立上げプロセス群 | |
| 計画プロセス群 | 5.1「スコープ・マネジメントの計画」<br>5.2「要求事項の収集」<br>5.3「スコープの定義」<br>5.4「WBSの作成」 |
| 実行プロセス群 | |
| 監視・コントロール・プロセス群 | 5.5「スコープの妥当性確認」<br>5.6「スコープのコントロール」 |
| 終結プロセス群 | |

## テーラリングの考慮事項

プロジェクトごとにライフサイクル、開発プロセスが異なるため、この領域のテーラリングは重要です。

## アジャイル型環境や適応型環境への考慮事項

プロジェクトを取り巻く環境や特性を考慮し、どのアプローチをとるのかを決定する必要があります。要求事項の不確実性が高いプロジェクトでは、初期の段階でのスコープの定義にあまり時間をかけない考慮も必要です。

## プロジェクト・スコープ・マネジメントのプロセス

- 計画プロセス群:「スコープ・マネジメントの計画」「要求事項の収集」「スコープの定義」「WBSの作成」
- 監視・コントロール・プロセス群:「スコープの妥当性確認」「スコープのコントロール」

# 5-1 計画プロセス「スコープ・マネジメントの計画」

## 概略

プロジェクトおよびプロダクト・スコープがどのように定義され、妥当性が確認され、コントロールされるかを文書化したスコープ・マネジメント計画書を作成するプロセスです。このプロセスにおいて、プロジェクトを通してスコープがどのようにマネジメントされるかについてのガイダンスと方向性が提供されます。

## プロセス

### ①インプット

プロジェクト憲章、プロジェクトマネジメント計画書、組織体の環境要因、組織のプロセス資産

### ②ツールと技法

専門家の判断、データ分析、会議

### ③アウトプット

スコープ・マネジメント計画書、要求事項マネジメント計画書

## スコープ・マネジメント計画書の構成要素

- 詳細なプロジェクト・スコープ記述書作成プロセス
- 詳細なプロジェクト・スコープ記述書作成から WBS 作成プロセス
- 作成された WBS の維持・承認プロセス
- 要素成果物の公式受入れプロセス
- 詳細なプロジェクト・スコープ記述書作成変更要求プロセス

要素成果物とは、細分化された作業の中で生成される、プ

## スコープ・マネジメントの計画

| | |
|---|---|
| インプット | ❶プロジェクト憲章<br>❷プロジェクトマネジメント計画書<br>❸組織体の環境要因<br>❹組織のプロセス資産 |
| ツールと技法 | ❶専門家の判断<br>❷データ分析<br>❸会議 |
| アウトプット | ❶スコープ・マネジメント計画書<br>❷要求事項マネジメント計画書 |

ロダクトやサービスや所産を指します。機械でいうと、最終成果物が製品で、要素成果物は部品に当たります。

## 要求事項マネジメント計画書の構成要素

- 要求事項に関する活動の計画、追跡、報告の方法
- コンフィギュレーション・マネジメントの活動
- 要求事項の優先順位づけプロセス
- プロダクトの測定基準
- 履歴管理（トレーサビリティ）の仕組み
- コンフィギュレーション・マネジメント

　コンフィギュレーション（Configuration）とは「構成」を意味し、設計図や仕様書で明示された製品・部品の機能や特性を指しています。プロジェクトで生成される、プロダクト・サービス・所産を機能や特性に基づいて管理する方法です。

# 5-2 計画プロセス「要求事項の収集」

## 概略

プロジェクト目標を達成するためにステークホルダーのニーズを定義し、要求事項を決定し、文書化するプロセスです。ステークホルダーの期待を数値化します。

## プロセス

### ①インプット

プロジェクト憲章、プロジェクトマネジメント計画書、プロジェクト文書（ステークホルダー登録簿など）、ビジネス文書、合意書など

### ②ツールと技法

専門家の判断、データ収集、データ分析、意思決定、データ表現、人間関係とチームに関するスキル、コンテキスト・ダイアグラム、プロトタイプ

### ③アウトプット

要求事項文書、要求事項トレーサビリティ・マトリックス

## ツールと技法の詳細

このプロセスで使用されるツールと技法は多岐にわたります。

- データ収集：ブレーンストーミング、インタビュー、フォーカス・グループ、アンケートと調査、ベンチマーキング
- 意思決定：投票、独裁的意思決定、多基準意思決定分析（評価基準を策定して行う）
- データ表現：親和図、マインド・マップ法
- 人間関係とチームに関するスキル：ノミナル・グループ技法（ブレーンストーミングの変形。アイデアをランク付け

第5章 プロジェクト・スコープ・マネジメント

## 要求事項の収集

| | |
|---|---|
| インプット | ❶プロジェクト憲章 ❷プロジェクトマネジメント計画書 ❸プロジェクト文書 ❹ビジネス文書 ❺合意書 ❻組織体の環境要因 ❼組織のプロセス資産 |
| ツールと技法 | ❶専門家の判断 ❷データ収集 ❸データ分析 ❹意思決定 ❺データ表現 ❻人間関係とチームに関するスキル ❼コンテキスト・ダイアグラム ❽プロトタイプ |
| アウトプット | ❶要求事項文書 ❷要求事項トレーサビリティ・マトリックス |

し、投票プロセスを加える)、観察と対話、ファシリテーション
- コンテキスト図:スコープモデルの一例で、ビジネス・システムとユーザーや他のシステムの相互作用を示す
- プロトタイプ:プロダクトを構築する前にその期待されるモデルを提供し、要求事項へのフィードバックを早いタイミングで得る方法

### 要求事項トレーサビリティ・マトリックス

プロダクトの要求事項の発生元と、その要求事項を満足させる成果物をマトリックスで表したものです。マトリックスの中には、ビジネス・ニーズ、プロジェクト目標、WBS成果物、プロダクト設計、プロダクト開発、テストケースなどの項目が含まれます。

# 5-3 計画プロセス「スコープの定義」

## 概略
プロジェクト及び成果物に関しての詳細な記述書を作成するプロセスです。

## プロセス

### ①インプット
プロジェクト憲章、スコープ・マネジメント計画書、プロジェクト文書、組織体の環境要因、組織のプロセス資産

プロジェクト文書には、前提条件ログ、要求事項文書、リスク登録簿が含まれます。

### ②ツールと技法
専門家の判断、データ分析(代替案分析)、意思決定、人間関係とチームに関するスキル、プロダクト分析

### ③アウトプット
プロジェクト・スコープ記述書、プロジェクト文書更新版

## プロジェクト・スコープ記述書

プロジェクト・スコープ、主要な成果物、前提条件、および制約条件を記述したものです。プロジェクトの成果物を詳細に記述したものであり、スコープを管理するためのベースラインとなります。以下の構成要素を含みます。

### ①プロダクト・スコープ記述書
プロジェクト憲章に定めるプロダクト・サービス・所産の特性を段階的に詳細化したものです。

### ②成果物
プロセス、フェーズ、またはプロジェクトを完了するために生成することが求められる固有で検証可能なアウトプット

## スコープの定義

| | |
|---|---|
| インプット | ❶プロジェクト憲章<br>❷スコープ・マネジメント計画書<br>❸プロジェクト文書<br>❹組織体の環境要因<br>❺組織のプロセス資産 |
| ツールと技法 | ❶専門家の判断<br>❷データ分析(代替案分析)<br>❸意思決定<br>❹人間関係とチームに関するスキル<br>❺プロダクト分析 |
| アウトプット | ❶プロジェクト・スコープ記述書<br>❷プロジェクト文書更新版 |

です。

**③受け入れ基準**

成果物を受け入れる前に満たしておくべき必要条件です。

**④スコープからの除外事項**

スコープに含まないものを明確に記述します。スコープ外の事項を明確に記述することにより、スコープ・クリープ(プロジェクトが進行するにつれ、当初の目的を超えてプロジェクトが肥大化する現象)を減らすことができます。

# 5-4 計画プロセス「WBSの作成」

## 概略

成果物および作業をマネジメントしやすい要素にまで分解するプロセスです。スコープ記述書に最終成果物は定義されますが、具体的な要素レベルまでは定義されていません。そこで、最終成果物を作業やスケジュールや資源・コストの見積りが可能な要素成果物の単位にまで分解します。これにより、何を完了すべきであるかという枠組みが明確になります。

## プロセス

### ①インプット

プロジェクトマネジメント計画書（スコープ・マネジメント計画書）、プロジェクト文書（プロジェクト・スコープ記述書、要求事項文書）、組織体の環境要因、組織のプロセス資産

### ②ツールと技法

専門家の判断、要素分解

### ③アウトプット

スコープ・ベースライン、プロジェクト文書更新版

## WBSについて

WBS（Work Breakdown Structure：作業分解図）は、プロジェクトで生成する最終成果物を細分化し、階層構造で示した表のことです。プロジェクトの対象範囲を厳密に定義するとともに、プロジェクト全体の基盤となるものです。他の知識エリアで、工数の見積り、スケジュール管理、コスト管理、人員計画、リスク管理などを考える際の基本的な単位になります。WBSにより、生成する要素成果物を定義します。WBSに含まれない要素はプロジェクトに含まれません。

# WBS の作成

| インプット | ❶プロジェクトマネジメント計画書<br>❷プロジェクト文書<br>❸組織体の環境要因<br>❹組織のプロセス資産 |
|---|---|
| ツールと技法 | ❶専門家の判断<br>❷要素分解 |
| アウトプット | ❶スコープ・ベースライン<br>❷プロジェクト文書更新版 |

## 要素分解について

プロジェクト・スコープやプロジェクト成果物を、より小さくマネジメントしやすい要素に分割したり再分割したりする技法です。ワーク・パッケージと呼ばれる WBS の最下位レベルに定義される作業を生み出すまで行われます。

ワーク・パッケージの詳細さのレベルは、プロジェクトの規模と複雑さにより異なります。複雑な要素のある作業は、できるだけ詳細化することにより、わかりやすくなります。

## スコープ・ベースラインの構成要素

- WBS
- ワーク・パッケージ
- WBS 辞書（WBS 要素をより詳細に記述したもの）
- プロジェクト・スコープ記述書

# 5-5 監視・コントロール・プロセス「スコープの妥当性確認」

## 概略

ステークホルダーとともにプロジェクトの成果物をレビューし、公式な受け入れを得るプロセスです。プロジェクトの要素成果物の受け入れ基準は、要求事項文書で定義されます。スコープ妥当性確認で、成果物のレビューを行い、問題がなければ、正式に受け入れられます。

## プロセス

### ①インプット

プロジェクトマネジメント計画書、プロジェクト文書、検証済み成果物、作業パフォーマンス・データ

プロジェクトマネジメント計画書は次のものを含みます。

- スコープ・マネジメント計画書
- 要求事項マネジメント計画書
- スコープ・ベースライン

### ②ツールと技法

検査、意思決定

### ③アウトプット

受入れ済み成果物、作業パフォーマンス情報、変更要求、プロジェクト文書更新版

スコープ妥当性確認のプロセスは、作業の成果物や作業結果をレビューし、顧客が満足できるレベルかどうかを確認します。顧客またはスポンサーは公式に受け入れたことを示す文書を作成して配布します。スコープ妥当性確認は品質管理と同じコントロール・プロセスですが、主に計画した機能や性能が満たされているか（作業結果の受理）、及び計画した品

# スコープの妥当性確認

| | |
|---|---|
| インプット | ❶プロジェクトマネジメント計画書<br>❷プロジェクト文書<br>❸検証済み成果物<br>❹作業パフォーマンス・データ |
| ツールと技法 | ❶検査<br>❷意思決定 |
| アウトプット | ❶受入れ済み成果物<br>❷作業パフォーマンス情報<br>❸変更要求<br>❹プロジェクト文書更新版 |

質を満たしているか(作業結果の正確さ)に着目しています。

## 主な用語の定義

- 「検査」:作業と要素成果物が要求事項と成果物受け入れ基準に適合しているかどうかを確認するために行う測定、試験、検証等の活動からなる
- 「正式な受け入れ」:顧客、あるいはスポンサーがプロジェクトやフェーズの製品を受け入れたことを示す文書
- 「スコープ妥当性確認」:要素成果物の受け入れ
- 「品質管理」:要素成果物に規定されている品質要求事項を満たしているかを見る
- 「作業結果」:具体的な要素成果物を特定するもので、全体が完成していないことも、部分的に完成していることもある

## 5-6 監視・コントロール・プロセス「スコープのコントロール」

### 概略

プロジェクト・スコープとプロダクト・スコープの状況を監視し、スコープ・ベースラインに対する変更をマネジメントするプロセスです。

このプロセスでは、プロジェクト全体を通してスコープ・ベースラインが維持されていきます。プロジェクト・スコープをコントロールすることで、すべての要求変更および提案された是正処置や予防措置が確実に統合変更管理プロセスを通して処理されるようにします。スコープを管理しないで変更することを「スコープ・クリープ」と呼びますが、スコープ変更は不可避であるため、「スコープ・クリープ」を防ぐ目的で、何らかの変更管理プロセスを必要とします。

### プロセス

#### ①インプット

プロジェクトマネジメント計画書、プロジェクト文書、作業パフォーマンス・データ、組織のプロセス資産

プロジェクトマネジメント計画書に含まれるのは次のようなものです。

- スコープ・マネジメント計画書
- 要求事項マネジメント計画書
- 変更マネジメント計画書
- コンフィギュレーション・マネジメント計画書
- スコープ・ベースライン
- パフォーマンス測定ベースライン

#### ②ツールと技法

## スコープのコントロール

| | |
|---|---|
| インプット | ❶プロジェクトマネジメント計画書<br>❷プロジェクト文書<br>❸作業パフォーマンス・データ<br>❹組織のプロセス資産 |
| ツールと技法 | ❶データ分析(差異分析、傾向分析) |
| アウトプット | ❶作業パフォーマンス情報<br>❷変更要求<br>❸プロジェクトマネジメント計画書更新版<br>❹プロジェクト文書更新版 |

データ分析(差異分析、傾向分析)

③**アウトプット**

作業パフォーマンス情報、変更要求、プロジェクトマネジメント計画書更新版、プロジェクト文書更新版

### プロジェクトマネジメント計画書更新版の構成要素

- スコープ・マネジメント計画書
- スコープ・ベースライン
- スケジュール・ベースライン
- コスト・ベースライン
- パフォーマンス測定ベースライン

# 第6章

# プロジェクト・スケジュール・マネジメント

## 序論 プロジェクト・スケジュール・マネジメントとは

### 主要概念

ずばり、プロジェクトを所定の期間で完了させるためのプロセスです。プロジェクトには「有期性」という特性があるため、「時間」という制約が生まれます。最終的な納期を守るだけの条件では、きめ細かな管理は難しいため、作業時間のベースラインを設定し、確実なコントロールにつなげます。

### 最近の傾向

長期的なスコープを定義することが難しく、不確実性と予測不可能性が高い状況では、開発プロセスにおいて実務慣行の採用などが重要になってきています。反復型スケジューリングなどの採用がその例です。

### テーラリングの考慮事項

プロジェクトはそれぞれ固有であるため、スケジュール・マネジメントのプロセスを適用する方法を熟慮する必要があります。ライフサイクル手法、資源の可用性、プロジェクトの規模、技術的な支援の可否などについてです。

### アジャイル型環境や適応型環境への考慮事項

適応型手法は短期サイクルで行い、結果をレビューし必要に応じて適応させます。プロジェクト・マネジャーの役割は、予測型ライフサイクルを使っても、あるいは適応型環境で行っても、変わることはありません。効果的に適用するために、適応型手法のツールと技法に習熟している必要があります。

### プロジェクト・スケジュール・マネジメントのプロセス

- 計画プロセス群:「スケジュール・マネジメントの計画」

# プロジェクト・スケジュール・マネジメント

| プロジェクトマネジメント・プロセス群 | 第6章 プロジェクト・スケジュール・マネジメント |
|---|---|
| 立上げプロセス群 | |
| 計画プロセス群 | 6.1「スケジュール・マネジメントの計画」<br>6.2「アクティビティの定義」<br>6.3「アクティビティの順序設定」<br>6.4「アクティビティ所要期間の見積り」<br>6.5「スケジュールの作成」 |
| 実行プロセス群 | |
| 監視・コントロール・プロセス群 | 6.6「スケジュールのコントロール」 |
| 終結プロセス群 | |

「アクティビティの定義」「アクティビティの順序設定」「アクティビティ所要期間の見積り」「スケジュールの作成」

- 監視・コントロール・プロセス群:「スケジュールのコントロール」

スケジュール・マネジメントの知識エリアのプロセスは計画プロセス群に集中しています。スケジュール管理は、計画が重要であることの表れです。

アクティビティとは、プロジェクトの過程において実行する作業の一要素で、見積り、監視・コントロールを行う際のベースになり、WBSの最下位レベルのワーク・パッケージを完了させるための活動を定義します。アクティビティの所要期間を見積り、スケジュールを作成し、進捗を管理します。

# 6-1 計画プロセス「スケジュール・マネジメントの計画」

## 概略

各知識エリアの「・・・マネジメント計画（Plan・・・Management）」のプロセスは、方法論と実行基準を決めるプロセスです。「スケジュール・マネジメントの計画」は、プロジェクトのスケジュールを作成し、管理するための方針、手順を文書化したスケジュール・マネジメントの計画書を作成するプロセスです。

## プロセス

### ①インプット

プロジェクト憲章、プロジェクトマネジメント計画書、組織体の環境要因、組織のプロセス資産

スケジュールに影響を与える組織体の環境要因には「組織文化と組織構造」「プロジェクト・チームの人的資源の利用の可能性とスキル」「スケジューリング・ソフト」「組織の標準プロセス」があります。

また、スケジュールに関する組織のプロセス資産には次のようなものがあります。

「過去の情報と教訓」「スケジュール作成に関する正式手続き」「ガイドライン」「テンプレートと書式」

### ②ツールと技法

専門家の判断、データ分析、会議

分析技法に含まれる構成要素には次のようなものがあります。

「スケジューリング方法論」「スケジューリング・ツールと技法」「評価の手引き」「プロジェクトマネジメント・ソフトウ

# スケジュール・マネジメントの計画

| | |
|---|---|
| **インプット** | ❶プロジェクト憲章<br>❷プロジェクトマネジメント計画書<br>❸組織体の環境要因<br>❹組織のプロセス資産 |
| **ツールと技法** | ❶専門家の判断<br>❷データ分析<br>❸会議 |
| **アウトプット** | ❶スケジュール・マネジメント計画書 |

ェア」

### ③アウトプット

スケジュール・マネジメント計画書

スケジュール・マネジメント計画書の構成要素には次のようなものがあります。

「プロジェクト・スケジュール・モデル作成」「精度の範囲」「測定項目」「組織の手続きとの関係」「プロジェクト・スケジュール・モデルのメンテナンス」「コントロールの閾値」「パフォーマンスの測定ルール」「報告書の書式」「プロセス記述書」

# 6-2 計画プロセス「アクティビティの定義」

## 概略

要素成果物を生成するために実行すべき具体的な作業を特定するプロセスです。ワーク・パッケージを完成するために必要な、より小さな要素に分解します。その結果を「アクティビティ」や「タスク」と呼びます。アクティビティの一覧として「アクティビティ・リスト」を作成し、その詳細内容を記します。実務的にはWBS作成の時点でアクティビティまで分解し、ワーク・パッケージを定義します。

## プロセス

### ①インプット

プロジェクトマネジメント計画書、組織体の環境要因、組織のプロセス資産

プロジェクトマネジメント計画書には「スコープ・マネジメント計画書」「スコープ・ベースライン」などが含まれます。

### ②ツールと技法

専門家の判断、要素分解、ローリング・ウェーブ計画法、会議

ローリング・ウェーブ計画法とは反復計画技法で、早期に終了しなければならない作業は詳細に、先の作業はより上位のレベル（大きなレベル）で計画します。

### ③アウトプット

アクティビティ・リスト、アクティビティ属性、マイルストーン・リスト、変更要求など

アクティビティ・リストには、プロジェクトに必要なアクティビティが含まれます。この段階でアクティビティには識

# アクティビティの定義

| | |
|---|---|
| インプット | ❶プロジェクトマネジメント計画書<br>❷組織体の環境要因<br>❸組織のプロセス資産 |
| ツールと技法 | ❶専門家の判断<br>❷要素分解<br>❸ローリング・ウェーブ計画法<br>❹会議 |
| アウトプット | ❶アクティビティ・リスト<br>❷アクティビティ属性<br>❸マイルストーン・リスト<br>❹変更要求<br>❺プロジェクトマネジメント計画書更新版 |

別子がふられ、チーム・メンバーが行うべき作業の詳細が記載されます。また、プロジェクトの進捗に従い、追加、修正、削除などが定期的に行われます。

## 要素分解

要素分解とは、プロジェクト要素をより細かく、マネジメントしやすい構成要素に分解し、コントロールしやすいレベルにまで分けることです。次のことができるまで行います。

- アクティビティが具体的に特定できる(動詞表現ができる)
- 責任者を一人充てることができる
- 要素成果物が一つに絞られる
- アクティビティができた、できないを判断できる
- 作業工数を見積ることができる（作業見積り）

# 6-3 計画プロセス「アクティビティの順序設定」

## 概略

アクティビティ間の論理的依存関係を特定し、文書化するプロセスです。

## プロセス

### ①インプット

プロジェクトマネジメント計画書、プロジェクト文書、組織体の環境要因、組織のプロセス資産

プロジェクト文書は、アクティビティ・リスト、マイルストーン・リストなどを指します。

### ②ツールと技法

プレシデンス・ダイアグラム法（PDM）、依存関係の決定と統合、リードとラグ、プロジェクトマネジメント情報システム

### ③アウトプット

プロジェクト・スケジュール・ネットワーク図、プロジェクト文書更新版（見直したアクティビティ・リスト更新版を含む）

## プレシデンス・ダイアグラム法（PDM）

作業の順番を決め、アクティビティ間の依存関係を検討し、アクティビティを「ノード」と呼ぶボックスで表して、論理的な依存関係を矢印で表します。さらにリードとラグの期間を検討します。

## アクティビティの依存関係

アクティビティ間の依存関係は、前後関係とも呼ばれます。先行アクティビティの成果物を受けて、後続アクティビティ

## アクティビティの順序設定

| インプット | ❶プロジェクトマネジメント計画書<br>❷プロジェクト文書<br>❸組織体の環境要因<br>❹組織のプロセス資産 |
|---|---|
| ツールと技法 | ❶プレシデンス・ダイアグラム法(PDM)<br>❷依存関係の決定と統合<br>❸リードとラグ<br>❹プロジェクトマネジメント情報システム |
| アウトプット | ❶プロジェクト・スケジュール・ネットワーク図<br>❷プロジェクト文書更新版 |

として何ができるかを論理的に決めていきます。

　依存関係には前後関係のほか、並行関係もあります。また、依存関係の分岐、収束もあります。依存関係が分岐したときは、2つのアクティビティは並行関係となり、収束したときは、先行の2つのアクティビティが後続アクティビティとの前後関係となります。

# 6-4 計画プロセス「アクティビティ所要期間の見積り」

## 概略

各アクティビティを完了するために必要な作業期間を見積るプロセスです。

## プロセス

### ①インプット

プロジェクトマネジメント計画書、プロジェクト文書、組織体の環境要因、組織のプロセス資産

プロジェクト文書は主に、アクティビティ・リスト、アクティビティ属性、マイルストーン・リスト、資源ブレークダウン・ストラクチャー、リスク登録簿など、各プロセスのアウトプットがあります。

### ②ツールと技法

専門家の判断、類推見積り・パラメトリック見積り・三点見積りなどの見積り技法、データ分析、意思決定、会議

### ③アウトプット

アクティビティ所要期間見積り、見積りの根拠、プロジェクト文書更新版

## 主な見積り技法

### ①類推見積り

過去の類似したアクティビティから所要期間を見積ります。過去のデータが、見積り精度を高める情報になります。

### ②パラメトリック見積り（係数見積り）

過去のデータと、ある係数との統計的関係を使って見積ります。たとえば、1時間当たりの処理量などの基準値に係数をかけて算出します。

# アクティビティ所要期間の見積り

| | |
|---|---|
| インプット | ❶プロジェクトマネジメント計画書<br>❷プロジェクト文書<br>❸組織体の環境要因<br>❹組織のプロセス資産 |
| ツールと技法 | ❶専門家の判断<br>❷類推見積り・パラメトリック見積り・三点見積りなどの見積り技法<br>❸データ分析<br>❹意思決定<br>❺会議 |
| アウトプット | ❶所要期間見積り<br>❷見積りの根拠<br>❸プロジェクト文書更新版 |

### ③三点見積り

分布の加重平均値を使い、確率を算出します。三点とは楽観値（予測される最短の値）、現実値（可能性の高い値）、悲観値（予想される最長の値）をいいます。三点分布は期待値を（楽観値＋現実値＋悲観値）÷3で求めます。

## 作業工数と所要期間

作業時間には、作業工数と所要期間があります。

### ①作業工数（Effort）

アクティビティの完了に必要な時間の絶対量です。「人日」「人週」「人月」「人時間」などで表されます。

### ②所要期間（Duration）

アクティビティの開始から終了までに経過する時間を日数、週、月数などで表します（休日や非稼働日は含まない）。

# 6-5 計画プロセス「スケジュールの作成」

## 概略

アクティビティ順序の設定、所要期間、資源に対する要求事項、スケジュールの制約条件を分析し、スケジュールを作成するプロセスです。現在時点での資源状況で達成可能なスケジュールを作成し、必要に応じて短縮を図ります。

## プロセス

### ①インプット

プロジェクトマネジメント計画書、プロジェクト文書、合意書、組織体の環境要因、組織のプロセス資産

プロジェクトマネジメント計画書の内容は、スケジュール・マネジメント計画書、およびスコープ・ベースラインです。

プロジェクト文書としては、次のものがあります。
「アクティビティ・リスト」「アクティビティ属性」「所要期間見積り」「マイルストーン・リスト」「プロジェクト・スケジュール・ネットワーク図」「資源ブレークダウン・ストラクチャー」「資源要求事項」

### ②ツールと技法

スケジュール・ネットワーク分析、クリティカル・パス（Critical Path）法、資源最適化、スケジュール短縮、データ分析、リードとラグ、プロジェクトマネジメント情報システム、アジャイルのリリース計画

アジャイルのリリース計画は、アジャイル型ライフサイクルを適用するときに使われるものです。

第6章 プロジェクト・スケジュール・マネジメント

## スケジュールの作成

| インプット | ①プロジェクトマネジメント計画書<br>②プロジェクト文書<br>③合意書<br>④組織体の環境要因<br>⑤組織のプロセス資産 |
|---|---|
| ツールと技法 | ①スケジュール・ネットワーク分析　②クリティカル・パス法　③資源最適化　④スケジュール短縮　⑤データ分析　⑥リードとラグ　⑦プロジェクトマネジメント情報システム　⑧アジャイルのリリース計画 |
| アウトプット | ①スケジュール・ベースライン　②プロジェクト・スケジュール　③スケジュール・データ　④プロジェクト・カレンダー　⑤変更要求　⑥プロジェクトマネジメント計画書更新版　⑦プロジェクト文書更新版 |

③アウトプット

　スケジュール・ベースライン、プロジェクト・スケジュール、スケジュール・データ、プロジェクト・カレンダー、変更要求、プロジェクトマネジメント計画書更新版、プロジェクト文書更新版

　プロジェクト・スケジュールの構成物は次の3つです。

- ガントチャート:縦軸にアクティビティ、横軸に日付を示した、スケジュール表。アクティビティ所要期間が水平バーで示される
- マイルストーン・チャート
- プロジェクト・スケジュール・ネットワーク図

# 6-6 監視・コントロール・プロセス「スケジュールのコントロール」

## 概略

スケジュールの状況を把握し、変更をもたらす要因に働きかけ、変更を確定し管理するプロセスです。このプロセスは、プロジェクト全体を通して実行されます。

## プロセス

### ①インプット

プロジェクトマネジメント計画書、プロジェクト文書、作業パフォーマンス・データ、組織のプロセス資産

プロジェクトマネジメント計画書は、次のものを含みます。
「スケジュール・マネジメント計画書」「スケジュール・ベースライン」「スコープ・ベースライン」「パフォーマンス測定ベースライン」

また、プロジェクト文書は次のものを含みます。
「教訓登録簿」「プロジェクト・カレンダー」「プロジェクト・スケジュール」「資源カレンダー」「スケジュール・データ」

### ②ツールと技法

データ分析、クリティカル・パス法、資源最適化、リードとラグ、スケジュール短縮

### ③アウトプット

作業パフォーマンス情報、スケジュール予測、変更要求、プロジェクトマネジメント計画書更新版、プロジェクト文書更新版

## データ分析の手法

スケジュールのコントロール手法として、アーンド・バリュー分析（EVA：Earned Value Analysis）があります。ス

## スケジュールのコントロール

| | |
|---|---|
| インプット | ❶プロジェクトマネジメント計画書<br>❷プロジェクト文書<br>❸作業パフォーマンス・データ<br>❹組織のプロセス資産 |
| ツールと技法 | ❶データ分析<br>❷クリティカル・パス法<br>❸資源最適化<br>❹リードとラグ<br>❺スケジュール短縮 |
| アウトプット | ❶作業パフォーマンス情報<br>❷スケジュール予測<br>❸変更要求<br>❹プロジェクトマネジメント計画書更新版<br>❺プロジェクト文書更新版 |

ケジュールとコストの両面で、現時点での達成度(アーンド・バリュー)ベースラインとの差異、完成時点での予測などの指標を表します。これにより、効果的なスケジュール管理(コスト管理を含む)が可能になります。

アーンド・バリュー分析については、第三部第18章の18-1「5.6 コストのコントロール」で詳細に説明します。

# 第7章

# プロジェクト・コスト・マネジメント

# 序論 プロジェクト・コスト・マネジメントとは

## 主要概念

PMBOKにおけるプロジェクト・コスト・マネジメントの定義は、次の通りです。

「プロジェクトを承認済みの予算内で完了させるための、計画、見積り、予算化、資金調達、財源確保、マネジメント、およびコントロールのプロセス」

コスト・マネジメントでは、基本的にアクティビティを完了するために必要な資源にかかるコストを扱いますが、プロジェクト後に発生するコストへの影響も考慮する必要があります。納品後のトラブル発生のリスクを考慮し、プロジェクトへの初期投資をむやみに低く見積らないことも必要です。

## 最近の動向

アーンド・スケジュール(ES)の概念を含むアーンド・バリュー・マネジメント(EVM)の拡張が含まれます。

## テーラリングの考慮事項

次の事項のテーラリングを考慮する必要があります。

「知識マネジメント」「見積りと予算化」「アーンド・バリュー・マネジメント」「アジャイル手法の使用」

## アジャイル型環境や適応型環境への考慮事項

プロジェクトの不確実性が高い場合、詳細なコスト見積りはあまり意味をなしません。変動要因が多く、かつ予算が厳しいときは、スコープおよびスケジュールはコストの制約条件内に収まるように頻繁に変更されます。

## コスト・マネジメントのプロセス

- 計画プロセス群:「コスト・マネジメントの計画」「コスト

# プロジェクト・コスト・マネジメント

| プロジェクトマネジメント・プロセス群 | 第7章 プロジェクト・コスト・マネジメント |
|---|---|
| 立上げプロセス群 | |
| 計画プロセス群 | 7.1「コスト・マネジメントの計画」<br>7.2「コストの見積り」<br>7.3「予算の設定」 |
| 実行プロセス群 | |
| 監視・コントロール・プロセス群 | 7.4「コストのコントロール」 |
| 終結プロセス群 | |

の見積り」「予算の設定」
- 監視・コントロール・プロセス群:「コストのコントロール」

## プロジェクトのコスト

- イニシャルコスト（一時的に発生する導入コスト）
- 取得コスト（設計、製造、設置、テスト）
- 導入後の運用コスト
- 品物やシステムのメンテナンス・コスト
- 活用終了時の廃棄コスト

# 7-1 計画プロセス「コスト・マネジメントの計画」

## 概略

コストを見積り、予算化し、支出を監視・コントロールする方針と手順を文書化したコスト・マネジメント計画書を作成するプロセスです。

## プロセス

### ①インプット

プロジェクト憲章、プロジェクトマネジメント計画書、組織体の環境要因、組織のプロセス資産

プロジェクトマネジメント計画書は、次の情報を参照します。

「スコープ・ベースライン」「スケジュール・ベースライン(プロジェクト・スケジュール)」「リスク・マネジメント計画書」

### ②ツールと技法

専門家の判断、データ分析、会議

分析技法は、以下の構成要素を含みます。

「自己資金、株式ファンド、負債などの資金の戦略的オプション」「内製、調達、レンタル、リースなどのファイナンス」

### ③アウトプット

コスト・マネジメント計画書

コスト・マネジメント計画書は、次の構成要素を含みます。

「有効桁数」「測定単位」「組織の手続きとのリンク:母体組織の会計システムとの整合性」「管理限界値:許容される変動量、コントロールしたい値」「パフォーマンス測定の規則」「報告形式:報告の書式や頻度」「プロセス記述」

# コスト・マネジメントの計画

| | |
|---|---|
| **インプット** | ❶プロジェクト憲章<br>❷プロジェクトマネジメント計画書<br>❸組織体の環境要因<br>❹組織のプロセス資産 |
| **ツールと技法** | ❶専門家の判断<br>❷データ分析<br>❸会議 |
| **アウトプット** | ❶コスト・マネジメント計画書 |

## コントロール・アカウント

　プロジェクトのコスト会計に使用する WBS 要素は、コントロール・アカウント（CA）と呼ばれます。ワーク・パッケージの上位レベルが充てられることもあります。「5.4WBS の作成」のアウトプットのスコープ・ベースラインと「6.5 スケジュールの作成」のアウトプットのスケジュール・ベースラインがコスト見積りのベースになります。

# 7-2 計画プロセス「コストの見積り」

## 概略
アクティビティを完了するために必要な資源の妥当なコストを定量的に算出するプロセスです。見積りの精度は最初から高くせずに、プロセスの進捗によって上げていきます。

## プロセス

### ①インプット
プロジェクトマネジメント計画書、プロジェクト文書、組織体の環境要因、組織のプロセス資産

プロジェクトマネジメント計画書は次のものを含みます。
「コスト・マネジメント計画書」「品質マネジメント計画書」「スコープ・ベースライン」

組織体の環境要因には、次のようなものがあります。
「市場の状況」「公開されている商用情報」「為替レートとインフレーション変動」

### ②ツールと技法
専門家の判断、類推見積り、パラメトリック見積り、ボトムアップ見積り、三点見積り、データ分析など

データ分析には、次のようなものがあります。
「代替え案分析」「予備設定(コンティンジェンシー予備)分析」

### ③アウトプット
コスト見積り、見積りの根拠、プロジェクト文書更新版

## コスト見積り技法の種類
- 類推見積り:過去の経験の類似なものから予測した見積り
- ボトムアップ見積り:WBSなど個別の作業項目を積み上

## コストの見積り

| インプット | ❶プロジェクトマネジメント計画書<br>❷プロジェクト文書<br>❸組織体の環境要因<br>❹組織のプロセス資産 |
|---|---|
| ツールと技法 | ❶専門家の判断<br>❷類推見積り<br>❸パラメトリック見積り<br>❹ボトムアップ見積り<br>❺三点見積り<br>❻データ分析<br>❼プロジェクトマネジメント情報システム<br>❽意思決定 |
| アウトプット | ❶コスト見積り<br>❷見積りの根拠<br>❸プロジェクト文書更新版 |

げて、全体予算を見積る方法。個々のワーク・パッケージのコストを見積り、集計して算出する

- 係数見積り：過去のデータとパラメータ（変数）を用いた統計的見積り手法。例：建築における坪単価と建坪、ソフトウェア開発におけるステップ単金とプログラム規模
- 三点見積り：前章を参照。見積りの精度は経験則による
- 概算見積り：詳細なデータに基づかない見積り。推測値が必要なプロジェクト初期段階で行われる
- 予算見積り：概算見積りより詳しいデータに基づいており、初期投資額の算出や承認を得るために用いられる。計画プロセスで WBS 情報を基に見積る
- 確定見積り：充分に詳しいデータに基づいて算出される積み上げ積算法

# 7-3 計画プロセス「予算の設定」

## 概略
コスト・ベースラインを作成し、認可を得るために、アクティビティ・リストとワーク・パッケージから見積りを積算するプロセスです。

## プロセス

### ①インプット
プロジェクトマネジメント計画書、プロジェクト文書、ビジネス文書、合意書、組織体の環境要因、組織のプロセス資産

プロジェクトマネジメント計画書に含まれるのは「コスト・マネジメント計画書」「資源マネジメント計画書」「スコープ・ベースライン」、プロジェクト文書に含まれるのは前項「7-2コストの見積り」のアウトプットとリスク登録簿です。

### ②ツールと技法
専門家の判断、コスト集約、データ分析、過去の情報のレビュー、資金限度額による調整、資金調達

### ③アウトプット
コスト・ベースライン、プロジェクト資金要求事項、プロジェクト文書更新版

資金は一時に与えられるものではなく、コスト・ベースラインを参考に、会計期間を区切って段階的に調達されます。

## 典型的な予算費目
「人件費」「ソフトウェア費」「材料費」「装置費」「管理費」「出張費」「教育訓練費」「広告宣伝費」「不動産経費」「予備費」「間接費」

間接費とは、実行中のプロジェクトに割り当てられるコス

## 予算の設定

| | |
|---|---|
| インプット | ❶プロジェクトマネジメント計画書<br>❷プロジェクト文書<br>❸ビジネス文書<br>❹合意書<br>❺組織体の環境要因<br>❻組織のプロセス資産 |
| ツールと技法 | ❶専門家の判断<br>❷コスト集約<br>❸データ分析<br>❹過去の情報のレビュー<br>❺資金の限度額による調整<br>❻資金調達 |
| アウトプット | ❶コスト・ベースライン<br>❷プロジェクト資金要求事項<br>❸プロジェクト文書更新版 |

トで、電気料金、福利厚生、保険、税金などが含まれます。直接費はプロジェクトから直接発生するコストで、「要員の給与」「資材費」「下請け業者の支払い費用」などが含まれます。

また、予備費には次の2種類があります。

- 「コンティンジェンシー予備」：コストのリスクやスケジュールのリスクを軽減する目的でプロジェクトマネジメント計画の中にあらかじめ組み込まれた費用。見積った全体の金額の10〜15％程度を加えることが推奨されている
- 「マネジメント予備」：組織として予備で持っている費用。主に市況変動などにより単価の変動があるときに備える。組織の上層部やオーナーの承認により使用でき、コスト・ベースラインに含まれない

# 7-4 監視・コントロール・プロセス「コストのコントロール」

## 概略

予算を更新するためにプロジェクトの状況を監視し、コスト・ベースラインへの変更を管理するプロジェクト全体を通して行われるプロセスです。

前項「7-3予算の設定」のアウトプットであるコスト・ベースラインが、本項で予算管理をする際の基準となります。コスト・ベースラインに基づいて、実際のコストの状況を監視し、必要に応じ是正処置を行います。

## プロセス

### ①インプット

プロジェクトマネジメント計画書、プロジェクト文書、プロジェクト資金要求事項、作業パフォーマンス・データ、組織のプロセス資産

プロジェクトマネジメント計画書には次のようなものが含まれます。

「コスト・マネジメント計画書」「コスト・ベースライン」「パフォーマンス測定ベースライン」

### ②ツールと技法

専門家の判断、データ分析、残作業効率指数、プロジェクトマネジメント情報システム

データ分析で使われる技法は、アーンド・バリュー・マネジメント（EVM:Earned Value Management）です。

EVMは、実行した作業までの予算のコストと実際に使用したコストを比較することで、プロジェクトのパフォーマンスを測定する技法です。詳細は、264ページを参照してくだ

第7章 プロジェクト・コスト・マネジメント

# コストのコントロール

| インプト | ❶プロジェクトマネジメント計画書<br>❷プロジェクト文書<br>❸プロジェクト資金要求事項<br>❹作業パフォーマンス・データ<br>❺組織のプロセス資産 |
|---|---|
| ツールと技法 | ❶専門家の判断<br>❷データ分析<br>❸残作業効率指数<br>❹プロジェクトマネジメント情報システム |
| アウトプット | ❶作業パフォーマンス情報<br>❷コスト予測<br>❸変更要求<br>❹プロジェクトマネジメント計画書更新版<br>❺プロジェクト文書更新版 |

さい。

③アウトプット

　作業パフォーマンス情報、コスト予測、変更要求、プロジェクトマネジメント計画書更新版、プロジェクト文書更新版

第8章

# プロジェクト品質マネジメント

# 序論 プロジェクト品質マネジメントとは

## 主要概念

プロジェクト品質マネジメントとは、プロジェクトのニーズを確実に満足させるために、作業のためのプロセスの品質、成果物に関する品質を品質目標に合わせるための活動です。PMBOKでは次のように定義されています。

「ステークホルダーの目的に合致させるために、プロジェクトとプロダクトの品質要求事項の計画、マネジメント、およびコントロールに関する組織の品質方針を組み込むプロセス」

品質管理に関しては、まず企業や組織体の品質方針と品質管理活動があります。プロジェクトの品質マネジメントも、これに沿って行われるのが一般的です。

## 最近の動向

経営者にも品質確保に関する適切かつ十分な資源の提供が求められています。

## テーラリングの考慮事項

品質管理方針の順守と監査、標準および規制の順守、継続的改善そしてステークホルダー・エンゲージメントなどがテーラリングを行う際の考慮事項として挙げられます。

## アジャイル型環境や適応型環境への考慮事項

多くの変更に対処するために、アジャイル型の方法では、プロジェクトの終了に向けてというよりも、プロジェクト全体にわたって組み込んだ頻繁な品質活動とレビューが必要になります。

# プロジェクト品質マネジメント

| プロジェクトマネジメント・プロセス群 | 第8章 プロジェクト品質マネジメント |
|---|---|
| 立上げプロセス群 | |
| 計画プロセス群 | 8.1「品質マネジメントの計画」 |
| 実行プロセス群 | 8.2「品質のマネジメント」 |
| 監視・コントロール・プロセス群 | 8.3「品質のコントロール」 |
| 終結プロセス群 | |

## 品質マネジメントのプロセス群

- 計画プロセス:「品質マネジメントの計画」
- 実行プロセス:「品質のマネジメント」
- 監視・コントロール・プロセス:「品質のコントロール」

　品質は、PMBOKでは「一連の固有の特性が要求事項を満たしている度合い」と定義されています。品質は、明示された、もしくは暗黙のニーズを満たす特性の全体を指します。このニーズは、要求を特定する際のインプットになります。スコープ・マネジメントで、暗黙のニーズを要求事項として明確化する作業が重要になります。

# 8-1 計画プロセス「品質マネジメントの計画」

## 概論

どの品質規格がプロジェクトに関係するかを特定して、どのように順守するかを文書化した品質マネジメント計画書を作成するプロセスです。品質は「計画」「設計」「作り込み」によって達成されるもので、検査によるものではありません。

## プロセス

### ①インプット

プロジェクト憲章、プロジェクトマネジメント計画書、プロジェクト文書、組織体の環境要因、組織のプロセス資産

プロジェクトマネジメント計画書は次のものが含まれます。「要求事項マネジメント計画書」「リスク・マネジメント計画書」「ステークホルダー・エンゲージメント計画書」「スコープ・ベースライン」

### ②ツールと技法

専門家の判断、データ収集、データ分析、意思決定、データ表現、テスト及び検査計画、会議

### ③アウトプット

品質マネジメント計画書、品質尺度、プロジェクトマネジメント計画書更新版、プロジェクト文書更新版

## 主な品質管理技法

- 品質コスト：適合コストと不適合コストの総額
    - 適合コスト：予防コスト（トレーニングなど）と評価コスト（試験、検査など）
    - 不適合コスト：内部コスト（修理、廃棄など）と外部コスト（保証、返品など）

# 品質マネジメントの計画

| インプット | ❶プロジェクト憲章<br>❷プロジェクトマネジメント計画書<br>❸プロジェクト文書<br>❹組織体の環境要因<br>❺組織のプロセス資産 |
|---|---|
| ツールと技法 | ❶専門家の判断　❷データ収集　❸データ分析　❹意思決定　❺データ表現　❻テスト及び検査計画　❼会議 |
| アウトプット | ❶品質マネジメント計画書<br>❷品質尺度<br>❸プロジェクトマネジメント計画書更新版<br>❹プロジェクト文書更新版 |

- 費用便益分析
  プロジェクトのいろいろな選択肢について有形・無形のコストと便益を見積り、その上で財務評価を行う
- 実験計画法
  全体成果に最大の影響を与える変数を特定する分析技法
- ベンチマーク
  改善案等を求めるため、計画値・実績値を他プロジェクトと比較する
- 基本的な品質管理の7つ道具
  品質マネジメント計画では、品質の目標と使用する管理手法やデータの取得方法や期間などを定める。品質管理のプロセスは、プロジェクト・チームではなく、母体組織の品質管理部門などが担当することもある

## 8-2 実行プロセス「品質のマネジメント」

### 概略

品質に対する要求事項、品質管理の測定結果を監査し、適切な品質標準と運用標準が用いられていることを確実にするプロセスです。プロジェクトの活動が適切なプロセスで行われているかを監視し、継続的改善を行います。

### プロセス

#### ①インプット

プロジェクトマネジメント計画書、プロジェクト文書、組織のプロセス資産

プロジェクトマネジメント計画書は「品質マネジメント計画書」と「プロセス改善計画書」を指し、プロジェクト文書には「教訓登録簿」「品質コントロール測定結果」「品質尺度」「リスク報告書」が含まれます。

#### ②ツールと技法

データ収集、データ分析、意思決定、データ表現、品質監査、デザイン・フォー・エックス、問題解決、品質改善方法

品質監査とは、品質マネジメント活動の構造化されたレビュー（プロジェクト・パフォーマンスを改善する教訓を特定することが目的）のことです。

#### ③アウトプット

品質報告書、テスト・評価文書、変更要求、プロジェクトマネジメント計画書更新版（承認された変更が反映された品質マネジメント計画書を含む）、プロジェクト文書更新版（品質監査報告書を含む）

### 品質マネジメントと管理のツール

## 品質のマネジメント

| インプト | ❶プロジェクトマネジメント計画書<br>❷プロジェクト文書<br>❸組織のプロセス資産 |
|---|---|
| ツールと技法 | ❶データ収集　❷データ分析　❸意思決定<br>❹データ表現　❺監査　❻デザイン・フォー・エックス　❼問題解決　❽品質改善方法 |
| アウトプット | ❶品質報告書<br>❷テスト・評価文書<br>❸変更要求<br>❹プロジェクトマネジメント計画書更新版<br>❺プロジェクト文書更新版 |

次のツールが含まれます。言語情報の分析が主になります。

- 「親和図法」：ランダムに挙げたカードを内容の近さによってグループにまとめて図示したもの。KJ法など
- 「プロセス決定計画図法」：プロセスを順序だてて図示
- 「連関図法」：原因と結果、目的と手段など因果関係を図示
- 「系統図法」：目的と手段から始まり、その手段が次の目的になるように系統だてて図示
- 「優先順位マトリックス」：挙げられた課題などに対策の優先順位を決めるための表
- 「アクティビティ・ネットワーク図」：PERT（Program Evaluation and Review Technique）作業を矢印で図示
- 「マトリックス図法」：行と列の表を使い、縦横の交差する点の関連をチェックして図示

# 8-3 監視・コントロール・プロセス「品質のコントロール」

## 概略

プロジェクト活動全体を通して、結果を監視し、その結果を記録し、必要に応じて、是正処置を行うプロセスです。

## プロセス

### ①インプット

プロジェクトマネジメント計画書、プロジェクト文書、承認済み変更要求、成果物、作業パフォーマンス・データ、組織体の環境要因、組織のプロセス資産

組織体の環境要因としては「政府機関による法的規制や適用分野に特有の規制、標準、ガイドライン」などがあります。

### ②ツールと技法

データ収集、データ分析、検査、テストとプロダクト評価、データ表現、会議

### ③アウトプット

品質コントロール測定結果、検証済み成果物、作業パフォーマンス情報、変更要求、プロジェクトマネジメント計画書更新版、プロジェクト文書更新版

## データ収集の技法

「チェックリスト」「チェックシート」「統計的サンプリング」「アンケートと調査」などがあります。

## データ分析技法

- 「パフォーマンス・レビュー」：計画プロセスで定義した品質尺度を実際の結果と照らし合わせて測定、比較、および分析する
- 「根本原因分析」：差異、欠陥、あるいはリスクを引き起こ

## 品質のコントロール

| インプット | ❶プロジェクトマネジメント計画書　❷プロジェクト文書　❸承認済み変更要求　❹成果物　❺作業パフォーマンス・データ　❻組織体の環境要因　❼組織のプロセス資産 |
|---|---|
| ツールと技法 | ❶データ収集　❷データ分析　❸検査　❹テストとプロダクト評価　❺データ表現　❻会議 |
| アウトプット | ❶品質コントロール測定結果　❷検証済み成果物　❸作業パフォーマンス情報　❹変更要求　❺プロジェクトマネジメント計画書更新版　❻プロジェクト文書更新版 |

す根源的な理由を明らかにするために用いる。この分析手法は、問題の根本的原因を特定し解決する技法としても用いられる

### データ表現技法

- 「特性要因図」：魚の骨図または石川ダイアグラムと呼ばれ、品質欠陥とエラーがもたらしうる結果の特定に使用される
- 「管理図」：プロセスが安定しているか、あるいは予測内のパフォーマンスかどうかを判断するために使用される
- 「ヒストグラム」：数値データをグラフで表示したもの
- 「散布図」：2つの変数間の関係を示すグラフ。一方の軸でプロセス、環境、あるいはアクティビティの要素を示し、他方の軸に品質の欠陥の要素を配置し、その関係を示すことができる

# 第9章

# プロジェクト
# 資源マネジメント

# 序論 プロジェクト資源マネジメントとは

## 主要概念

　PMBOK ガイド第6版から、このプロセスは「プロジェクト人的資源マネジメント」から「プロジェクト資源マネジメント」へと名称が変更になりました。人的資源（ヒト）のみならず、物的資源（資材、装置、サプライ）も対象としています。プロジェクト資源マネジメントは、PMBOK ガイドの定義では、「プロジェクトを成功裏に完了させるために必要な資源を特定し、獲得し、マネジメントするプロセス」です。プロジェクトに必要な適切な資源を、適切なときに、適切な場所でプロジェクト・マネジャーとプロジェクト・チームが利用できることを意味します。

　プロジェクト・マネジャーは、プロジェクト・チームの獲得、マネジメント、動機づけ、および権限委譲に適切な努力を払うべきです。プロジェクト・チーム・メンバーには特定の役割と責任が割り当てられますが、プロジェクトの計画と意思決定にはチーム・メンバー全員が関与することが望ましいです。計画策定のプロセスにチーム・メンバーが参加することにより、専門知識が取り込まれ、プロジェクトへの参加意欲が高まります。

## 最近の傾向

　プロジェクトマネジメントのスタイルは、命令と管理の手法から、意思決定の権限をチーム・メンバーに委譲する、より協力的で支持的なマネジメント手法へと移行しつつあります。さらに資源活用の最適化を求める方向へ向かっています。

## テーラリングの考慮事項

# プロジェクト資源マネジメント

| プロジェクトマネジメント・プロセス群 | 第9章 プロジェクト人的資源マネジメント |
|---|---|
| 立上げプロセス群 | |
| 計画プロセス群 | 9.1「資源マネジメントの計画」<br>9.2「アクティビティ資源の見積り」 |
| 実行プロセス群 | 9.3「資源の獲得」<br>9.4「チームの育成」<br>9.5「チームのマネジメント」 |
| 監視・コントロール・プロセス群 | 9.6「資源のコントロール」 |
| 終結プロセス群 | |

　テーラリングを考慮すべき検討事項としては、次のものが挙げられます。

- 多様性：チームの多様性の背景はなにか
- 物理的な場所：チーム・メンバーの物理的な場所、物的資源の場所
- チーム・メンバーの獲得：チーム・メンバーの獲得方法
- チームのマネジメント：チームの育成はどのようにマネジメントされるのか
- ライフサイクル手法

## アジャイル型環境や適応型環境への考慮事項

　変動性の高いプロジェクトは、広い知見を持つスペシャリストがいる自己組織化チームのような、集中と協業を最大化するチーム構造から恩恵を受けます。

# 9-1 計画プロセス「資源マネジメントの計画」

## 概略

チームの人的資源および物的資源を見積り、獲得し、マネジメントし、活用する方法を定義するプロセスです。資源の計画は、プロジェクトを成功裏に完了するために十分な資源が活用できることを確実にするための手法を決定し、特定するために使用されます。

## プロセス

### ①インプット

プロジェクト憲章、プロジェクトマネジメント計画書、プロジェクト文書、組織体の環境要因、組織のプロセス資産

プロジェクトマネジメント計画書は次のものが含まれます。
「品質マネジメント計画書」「スコープ・ベースライン」

プロジェクト文章に含まれるのは以下のようなものです。
「プロジェクト・スケジュール」「要求事項文書」「リスク登録簿」「ステークホルダー登録簿」

### ②ツールと技法

専門家の判断、データ表現、組織論、会議

データ表現の主な技法は次の通りです。

- 「階層構造図」:いくつかの種類があります。
  ワーク・ブレークダウン・ストラクチャー (WBS)
  組織ブレークダウン・ストラクタチャー (OBS)
  資源ブレークダウン・ストラクチャー (RBS)
- 「責任分担マトリックス」(RAM)
- 「テキスト形式」

### ③アウトプット

## 資源マネジメントの計画

| | |
|---|---|
| インプット | ❶プロジェクト憲章<br>❷プロジェクトマネジメント計画書<br>❸プロジェクト文書<br>❹組織体の環境要因<br>❺組織のプロセス資産 |
| ツールと技法 | ❶専門家の判断<br>❷データ表現<br>❸組織論<br>❹会議 |
| アウトプット | ❶資源マネジメント計画書<br>❷チーム憲章<br>❸プロダクト文書更新版 |

　資源マネジメント計画書、チーム憲章、プロダクト文書更新版

　資源マネジメント計画書に含まれるのは次のようなものです

「資源の特定」「資源の獲得」「役割と責任」「プロジェクト組織図」「プロジェクト・チーム資源のマネジメント」「トレーニング」「チームの育成」「資源のコントロール」「表彰計画」

　チーム憲章とは、チームの意識、合意、運用指針を記した文章で、プロジェクト・チーム・メンバーに受け入れられる振る舞いへの期待を確立するものです。

# 9-2 計画プロセス「アクティビティ資源の見積り」

## 概略

各アクティビティを実行するために必要な人的資源、物資、装置、サプライなどの種類と量を見積るプロセスです。

## プロセス

### ①インプット

プロジェクトマネジメント計画書、プロジェクト文書、組織体の環境要因、組織のプロセス資産

プロジェクトマネジメント計画書に含まれるのは、次のようなものです。

「資源マネジメント計画書」「スコープ・ベースライン」

### ②ツールと技法

専門家の判断、ボトムアップ見積り、類推見積り、パラメトリック見積り、データ分析、プロジェクトマネジメント情報システム、会議

### ③アウトプット

資源要求事項、見積りの根拠、資源ブレークダウン・ストラクチャー、プロジェクト文書更新版

資源ブレークダウン・ストラクチャー(RBS:Resource Breakdown Structure)とは、プロジェクトが必要とするリソース、ないしは利用可能なリソースを整理・管理するために作成されます。資源の区分、資源のタイプ別に階層的に表示します。RBSで定義されたリソースの単価の積の総和が、プロジェクト・コストの見積りになります。

資源の区分には、労働力、資材、装置、サプライが含まれます。

# アクティビティ資源の見積り

| | |
|---|---|
| インプット | ❶プロジェクトマネジメント計画書<br>❷プロジェクト文書<br>❸組織体の環境要因<br>❹組織のプロセス資産 |
| ツールと技法 | ❶専門家の判断<br>❷ボトムアップ見積り<br>❸類推見積り<br>❹パラメトリック見積り<br>❺データ分析<br>❻プロジェクトマネジメント情報システム<br>❼会議 |
| アウトプット | ❶資源要求事項<br>❷見積りの根拠<br>❸資源ブレークダウン・ストラクチャー<br>❹プロジェクト文書更新版 |

　資源のタイプには、スキル・レベル、等級、必要な認定などがあります。

## 見積りの主体

　見積りは、次の理由から作業担当者自身がすることが望ましいです。

- 「精度が高まる」
- 「プロジェクトへのコミットメントが高まる」

## アクティビティ資源に対する要求事項

　以下の構成要素が含まれます。
「各資源の見積りの根拠」「適用する資源の種類」「資源の可能性」「資源の使用を決めた前提条件」

## 9-3 実行プロセス「資源の獲得」

### 概略

このプロセスは、プロジェクト全体を通して定期的に必要に応じて実行されます。プロジェクト作業を完了するために必要となるチーム・メンバー、設備、装置、資材、サプライなどの資源を確保します。

経済的要因や他のプロジェクトへの異動などの制約条件のため、資源が確保できない場合には、スキルやコストが異なる代替え資源を確保する必要に迫られることもあります。そのときは、プロジェクトへ与える影響を判断し、スケジュール、コスト、品質などの制約条件の修正をスポンサーに申請することになります。

### プロセス

#### ①インプット

プロジェクトマネジメント計画書、プロジェクト文書、組織体の環境要因、組織のプロセス資産

プロジェクトマネジメント計画書の内容は次の通りです。「資源マネジメント計画書」「調達マネジメント計画書」「コスト・ベースライン」

#### ②ツールと技法

意思決定、人間関係とチームに関するスキル、先行割り当て、バーチャル・チーム

#### ③アウトプット

物的資源の割り当て、プロジェクト・チームの任命、資源カレンダー、変更要求、プロジェクトマネジメント計画書更新版、プロジェクト文書更新版、組織体の環境要因更新版、組

## 資源の獲得

| | |
|---|---|
| インプット | ❶プロジェクトマネジメント計画書<br>❷プロジェクト文書<br>❸組織体の環境要因<br>❹組織のプロセス資産 |
| ツールと技法 | ❶意思決定<br>❷人間関係とチームに関するスキル<br>❸先行割り当て<br>❹バーチャル・チーム |
| アウトプット | ❶物的資源の割り当て ❷プロジェクト・チームの任命 ❸資源カレンダー ❹変更要求 ❺プロジェクトマネジメント計画書更新版 ❻プロジェクト文書更新版 ❼組織体の環境要因更新版 ❽組織のプロセス資産更新版 |

織のプロセス資産更新版

### 資源の獲得における意思決定

人的資源の選択には次の事項を考慮します。

「プロジェクトの成功に寄与できる妥当な経験」「顧客、類似プロジェクト、プロジェクト環境の微妙な差異といった関連知識の保有の有無」「プロジェクト・ツールの使用に必要なスキル」「他のメンバーと連帯感を持ってやっていけるか」「チーム・メンバーの所在地、タイムゾーン、コミュニケーション能力」「必要な期間内に資源が活用できるかどうか」

また、資源の獲得プロセスにおける交渉相手には次のような人や組織が存在します。

「機能部門マネジャー」「母体組織の他のプロジェクトマネジメント・チーム」「外部組織とサプライヤー」など

# 9-4 実行プロセス「チームの育成」

## 概略

プロジェクトのパフォーマンスを向上させるために、メンバーの能力を育成し、チーム間の交流を促進し、チーム環境を改善するプロセスです。

プロジェクト・マネジャーはチームを特定し、形成し、維持し、動機づけし、リードするようなスキルを身につける必要があります。

## プロセス

### ①インプット

プロジェクトマネジメント計画書、プロジェクト文書、組織体の環境要因、組織のプロセス資産

プロジェクトマネジメント計画書は、資源マネジメント計画書で、その内容は次のようなものです。

「メンバーへの報酬」「フィードバック」「追加トレーニング」「チームのパフォーマンス評価基準」

### ②ツールと技法

コロケーション、バーチャル・チーム、コミュニケーション技術、人間関係とチームに関するスキル、表彰と報奨、トレーニング、個人およびチームの評価、会議

人間関係とチームに関するスキルの技法には次のようなものがあります。

「コンフリクト・マネジメント」：適時かつ建設的な対立解消、「影響力」：重要な課題に対処し、信頼を維持しつつ合意に達するための情報の収集力、「動機づけ」：チーム・メンバーへの権限委譲により、動機づけは促進される、「交渉」：

## チームの育成

| インプット | ❶プロジェクトマネジメント計画書 ❷プロジェクト文書 ❸組織体の環境要因 ❹組織のプロセス資産 |
|---|---|
| ツールと技法 | ❶コロケーション　❷バーチャル・チーム　❸コミュニケーション技術　❹人間関係とチームに関するスキル　❺表彰と報奨　❻トレーニング　❼個人及びチームの評価　❽会議 |
| アウトプット | ❶チームのパフォーマンス評価　❷変更要求 ❸プロジェクトマネジメント計画書更新版 ❹プロジェクト文書更新版　❺組織体の環境要因更新版　❻組織のプロセス資産更新版 |

交渉はチーム・メンバー間に信頼と調和を構築する

③アウトプット

　チームのパフォーマンス評価、変更要求、プロジェクトマネジメント計画書更新版、プロジェクト文書更新版、組織体の環境要因更新版、組織のプロセス資産更新版

　人間関係のスキルは「ソフト・スキル」と呼ばれています。感情の理解、行動の予測、関心事の認識、課題の追跡などが重要視されています。共感力、影響力、創造性、コミュニケーションはマネジメント上の貴重な資産とされています。

　チーム形成活動では、チームは5つの発展段階（成立期、動乱期、安定期、遂行期、解散期）を経過するとの理論があります。プロジェクト・マネジャーはチームの状況に応じたリーダーシップの発揮が求められます。

# 9-5 実行プロセス「チームのマネジメント」

## 概略

プロジェクト・パフォーマンスを最適化するために、メンバーのパフォーマンスを確認し、フィードバックを行い、課題を解決し、チーム・メンバーの変更をマネジメントするプロセスです。プロジェクト・マネジャーには、コミュニケーション・スキル、コンフリクト・マネジメント、交渉、およびリーダーシップに重点をおいた複合的なスキルが必要です。

## プロセス

### ①インプット

プロジェクトマネジメント計画書、プロジェクト文書、作業パフォーマンス報告書、チームのパフォーマンス評価、組織体の環境要因、組織のプロセス資産

### ②ツールと技法

人間関係とチームに関するスキル

主に「コンフリクト・マネジメント」「観察と対話」

### ③アウトプット

変更要求、プロジェクトマネジメント計画書更新版、プロジェクト文書更新版、組織体の環境要因更新版

変更要求には「要員の変更」「配置転換」「作業の一部外注」「メンバーの補充」などがあります

## コンフリクト・マネジメントについて

資源の不足、スケジュールの優先順位、個人の作業スタイルなどが原因で対立関係が生じることがあります。また、複数の国にまたがるプロジェクトの場合は、文化的、思想的な背景の違いによって起こることもあります。コンフリクト(対

## チームのマネジメント

| | |
|---|---|
| インプト | ❶プロジェクトマネジメント計画書<br>❷プロジェクト文書<br>❸作業パフォーマンス報告書<br>❹チームのパフォーマンス評価<br>❺組織体の環境要因<br>❻組織のプロセス資産 |
| ツールと技法 | ❶人間関係とチームに関するスキル<br>❷プロジェクトマネジメント情報システム |
| アウトプット | ❶変更要求<br>❷プロジェクトマネジメント計画書更新版<br>❸プロジェクト文書更新版<br>❹組織体の環境要因更新版 |

立）に対する対応が必要になります。

コンフリクト解消には次のような技法があります。

- 「撤退や回避」：身を引く、取り下げる、対応する準備が整うまで、または他の誰かが解消するまで、問題を先送りする
- 「鎮静や適応」：同意できる部分を強調する。相手のニーズに対して立場を認め、協調と関係を維持する
- 「妥協」：お互いが譲歩し、ある程度満足できる解決点を探る対立を一時的または部分的に解消する
- 「強制や指示」：権限のある人が一方の解決策を押し付ける地位を利用して、緊急事態を解決するときに行う
- 「協力」：異なる観点から複数の視点や見識を取り込む
- 「対峙や問題解決」：色々な手段や解決策を検討する。Win-Winの状況をもたらす可能性がある

# 9-6 監視・コントロール・プロセス「資源のコントロール」

## 概略

このプロセスは、プロジェクト全体を通して行われ、割り当てられた資源が適時に適切な場所でプロジェクトに利用可能であることを確実にします。資源の計画に対する実際の利用状況を監視し、必要に応じて是正処置を講じます。

主に物的資源について対象として、チーム・メンバーに関しては、チームのマネジメントプロセスで行います。

### ①インプット

プロジェクトマネジメント計画書、プロジェクト文書、作業パフォーマンス・データ、合意書、組織のプロセス資産

プロジェクトマネジメント計画書は、資源マネジメント計画書であり、物的資源を使用し、コントロールし、リリースする方法が記されています。

### ②ツールと技法

データ分析、問題解決、人間関係とチームに関するスキル、プロジェクトマネジメント情報システム

### ③アウトプット

作業パフォーマンス情報、変更要求、プロジェクトマネジメント計画書更新版、プロジェクト文書更新版

## 問題解決技法について

問題は、2つに分けられます。

- 「組織内部に起因する問題」：組織内の別の部門、他のプロジェクトで使用されたが当初予定の時間にリリースされない機器やインフラストラクチャ、不適切な保存などにより、損傷している資材

## 資源のコントロール

| | |
|---|---|
| インプット | ❶プロジェクトマネジメント計画書<br>❷プロジェクト文書<br>❸作業パフォーマンス・データ<br>❹合意書<br>❺組織のプロセス資産 |
| ツールと技法 | ❶データ分析<br>❷問題解決<br>❸人間関係とチームに関するスキル<br>❹プロジェクトマネジメント情報システム |
| アウトプット | ❶作業パフォーマンス情報<br>❷変更要求<br>❸プロジェクトマネジメント計画書更新版<br>❹プロジェクト文書更新版 |

- 「組織外部に起因する問題」:主要サプライヤーの経営破綻、自然災害などによる資材の損傷

以下は、一般的な問題解決のステップです。

① 「問題の特定」:問題を明確化する
② 「問題の定義」:問題を扱いやすい程度に分割する
③ 「調査」:対象物のデータを収集する
④ 「分析」:問題の根本原因を究明する
⑤ 「解決策の選定」:さまざまな解決策から、採用可能な最適策を選択する
⑥ 「解決策の確認」:解決策の効果を確認する

# 第 10 章

プロジェクト・
コミュニケーション・
マネジメント

# 序論 プロジェクト・コミュニケーション・マネジメントとは

## 主要概念

プロジェクト・コミュニケーション・マネジメントは、PMBOK ガイド上で次のように定義されています。「プロジェクトとステークホルダーの情報ニーズが、資料の作成と効果的な情報交換を達成するために意図された活動を通して、満たされていることを確実にするために必要なプロセス」

ステークホルダーに対して効果的である情報ニーズを満たす戦略を構築することと、ステークホルダーに対しコミュニケーション戦略を実施すること、プロジェクト・チーム内での会議の持ち方など、マネジメントの側面を定義しています。

## 最近の動向

- プロジェクト・レビュー、プロジェクト会議へのステークホルダーの参加
- コミュニケーションのための多面的なアプローチ

## テーラリングの考慮事項

物理的な場所、コミュニケーション技術、言語、知識マネジメントなどです。

## アジャイル型環境や適応型環境への考慮事項

頻繁に発生する変化事項を経営層やステークホルダーに迅速かつ的確にコミュニケーションするために、プロジェクトの成果物を可視化し、ステークホルダーによる定期的なレビューを行うこと、チーム・メンバー間の情報へのアクセスの容易性、物理的な同一性の確保などがあります。

## コミュニケーション・マネジメントのプロセス

- 計画プロセス群:「コミュニケーション・マネジメントの

# プロジェクト・コミュニケーション・マネジメント

| プロジェクトマネジメント・プロセス群 | 第10章 プロジェクト・コミュニケーション・マネジメント |
|---|---|
| 立上げプロセス群 | |
| 計画プロセス群 | 10.1「コミュニケーション・マネジメントの計画」 |
| 実行プロセス群 | 10.2「コミュニケーションのマネジメント」 |
| 監視・コントロール・プロセス群 | 10.3「コミュニケーションの監視」 |
| 終結プロセス群 | |

計画」
- 実行プロセス群:「コミュニケーションのマネジメント」
- 監視・コントロール・プロセス群:「コミュニケーションの監視」

プロジェクト・マネジャーは、チーム・メンバー、組織内外のステークホルダーとのコミュニケーションに80％以上の時間を費やします。コミュニケーション・マネジメントは、人とアイデアと情報を結びつける役割があります。プロジェクトの進捗と結果を、すべてのステークホルダーに対して連絡調整をしなければなりません。メッセージを誰に、どのくらいの頻度で発信するべきかを認識し、全員が理解できるようにする責任があります。

# 10-1 計画プロセス「コミュニケーション・マネジメントの計画」

## 概略

ステークホルダーが求める情報ニーズを定め、コミュニケーションへの取り組み方や計画を文書化したコミュニケーション・マネジメント計画書を作成するプロセスです。

このプロセスの結果は、継続的な適用を可能にするためにプロジェクトを通して定期的に見直し、修正する必要があります。

## プロセス

### ①インプット

プロジェクト憲章、プロジェクトマネジメント計画書、プロジェクト文書、組織体の環境要因、組織のプロセス資産

プロジェクトマネジメント計画書は、次のものを含みます。「資源マネジメント計画書」「ステークホルダー・エンゲージメント計画書」(ステークホルダーから効果的な関与を引き出すために必要なマネジメント戦略を作ります)

### ②ツールと技法

専門家の判断、コミュニケーション要求事項分析、コミュニケーション技術、コミュニケーション・モデル、コミュニケーション方法、人間関係とチームに関するスキル、データ表現、会議

「ツールと技法」の主要なものは 16 − 8 で説明します。

### ③アウトプット

コミュニケーション・マネジメント計画書、プロジェクトマネジメント計画書更新版、プロジェクト文書更新版

コミュニケーション・マネジメント計画書の内容です。

# コミュニケーション・マネジメントの計画

| インプット | ❶プロジェクト憲章<br>❷プロジェクトマネジメント計画書<br>❸プロジェクト文書<br>❹組織体の環境要因<br>❺組織のプロセス資産 |
|---|---|
| ツールと技法 | ❶専門家の判断　❷コミュニケーション要求事項分析　❸コミュニケーション技術　❹コミュニケーション・モデル　❺コミュニケーション方法　❻人間関係とチームに関するスキル　❼データ表現　❽会議 |
| アウトプット | ❶コミュニケーション・マネジメント計画書<br>❷プロジェクトマネジメント計画書更新版<br>❸プロジェクト文書更新版 |

「ステークホルダー・コミュニケーション要求事項」「伝達すべき内容、書式、詳細さの度合い」「エスカレーション・プロセス」「情報配布の責任者」「情報の受信者、配布先」「使用する方式と技術」「コミュニケーションの頻度（例：毎週）」「プロジェクト期間を通じて、計画書の更新、改善方法」

## コミュニケーション・プロセスの一部として、送信者と受信者が持つ責任

- 送信者は、受信者が情報を正しく受け取れるように、明確かつ完全にすること
- 送信者は、受信者が正しく理解されたことを確認すること
- 受信者は、情報を完全な形で受け取ること、正しく理解すること
- 受信者は、送信者に受け取ったことを通知すること

# 10-2 実行プロセス「コミュニケーションのマネジメント」

## 概略

コミュニケーション・マネジメント計画書に従って、プロジェクト情報の生成、収集、配布、保管、検索、廃棄するプロセスです。

## プロセス

### ①インプット

プロジェクトマネジメント計画書、プロジェクト文書、作業パフォーマンス報告書、組織体の環境要因、組織のプロセス資産

プロジェクトマネジメント計画書は次のものを含みます。「資源マネジメント計画書」「コミュニケーション・マネジメント計画書」「ステークホルダー・エンゲージメント計画書」

### ②ツールと技法

コミュニケーション技術、コミュニケーション方法、コミュニケーション・スキル、プロジェクトマネジメント情報システム、プロジェクトの報告、人間関係とチームに関するスキル、会議

コミュニケーション・スキルは次のようなものがあります。「コミュニケーケーション・コンピテンシー」「フィードバック」「ノン・バーバル(非言語)コミュニケーション」「ミラーリングとアイコンタクト」「プレゼンテーション」

### ③アウトプット

プロジェクト伝達事項、プロジェクトマネジメント計画書更新版、プロジェクト文書更新版、組織のプロセス資産更新版

# コミュニケーションのマネジメント

| | |
|---|---|
| インプット | ❶プロジェクトマネジメント計画書<br>❷プロジェクト文書<br>❸作業パフォーマンス報告書<br>❹組織体の環境要因<br>❺組織のプロセス資産 |
| ツールと技法 | ❶コミュニケーション技術　❷コミュニケーション方法　❸コミュニケーション・スキル　❹プロジェクトマネジメント情報システム　❺プロジェクトの報告　❻人間関係とチームに関するスキル　❼会議 |
| アウトプット | ❶プロジェクト伝達事項<br>❷プロジェクトマネジメント計画書更新版<br>❸プロジェクト文書更新版<br>❹組織のプロセス資産更新版 |

## プロジェクトマネジメント情報システム

　プロジェクトマネジメント情報システムは情報配布システムと情報検査システムから構成されます。

### ・情報配布システム：プロジェクト情報の配布方式

「プロジェクト会議」「文書（ハード・コピー）」「電子データベースへの共有アクセス」「ファックス、ｅメール」「留守番電話」「ＴＶ会議」

### ・情報検査システム：チーム・メンバーの情報共有方式

「共有ファイル・システム」「電子テキストのデータベース」「プロジェクトマネジメント・ソフトウェア」

# 10-3 監視・コントロール・プロセス「コミュニケーションの監視」

## 概略

プロジェクト全体を通して行われ、ステークホルダーの情報へのニーズを満たすために、状況報告、進捗測定、予測などのパフォーマンス情報を収集し、配布するプロセスです。

コミュニケーションの影響と結果は、送信者の意図する内容が、受信者に正しく、適切なタイミングで伝達されるように監視されなければなりません。

## プロセス

### ①インプット

プロジェクトマネジメント計画書、プロジェクト文書、作業パフォーマンス・データ、組織体の環境要因、組織のプロセス資産

プロジェクトマネジメント計画書は次のとおりです。

「資源マネジメント計画書」「コミュニケーション・マネジメント計画書」「ステークホルダー・エンゲージメント計画書」

組織のプロセス資産から活用するのは次のものです。

「ソーシャルメディア、倫理、セキュリティについての方針と手続き」「組織のコミュニケーション要求事項」「情報の交換、保管、および検索のガイドライン」「ステークホルダーとのコミュニケーションのデータ、教訓」

### ②ツールと技法

専門家の判断、プロジェクトマネジメント情報システム、データ表現、人間関係とチームに関するスキル、会議

データ表現とは、ステークホルダー関与度マトリックスで、望ましい関与度と現在の関与度を評価し、コミュニケーショ

## コミュニケーションの監視

| | |
|---|---|
| インプト | ❶プロジェクトマネジメント計画書<br>❷プロジェクト文書<br>❸作業パフォーマンス・データ<br>❹組織体の環境要因<br>❺組織のプロセス資産 |
| ツールと技法 | ❶専門家の判断<br>❷プロジェクトマネジメント情報システム<br>❸データ表現<br>❹人間関係とチームに関するスキル<br>❺会議 |
| アウトプット | ❶作業パフォーマンス情報<br>❷変更要求<br>❸プロジェクトマネジメント計画書更新版<br>❹プロジェクト文書更新版 |

ンの改善につなげます。

③**アウトプット**

作業パフォーマンス情報、変更要求、プロジェクトマネジメント計画書更新版、プロジェクト文書更新版

変更要求の構成要素は次のようなものです。

「コスト見積り」「アクティビティ順序設定」「スケジュール・データ」「資源の要求事項」「リスクへの対応の是正処置と代替案」「プロジェクトマネジメント計画書とプロジェクト文書の調整」

# 第 11 章

# プロジェクト・リスク・マネジメント

# 序論 プロジェクト・リスク・マネジメントとは

## 主要概念

PMBOK ガイドでは、プロジェクト・リスク・マネジメントを次のように定義しています。

「プロジェクトに関するリスク・マネジメントの計画、特定、分析、対応の計画、対応策の実行、およびリスクの監視を遂行するプロセス」

留意すべき点は、PMBOK でのリスクの定義です。「発生すれば、プロジェクト目標にプラスあるいはマイナスの影響を及ぼす、不確実な事象あるいは状態」と定義しています。つまり、リスクとはマイナス（危機）だけでなく、プラスの影響を与えるもの（好機）でもあるとしています。英語では、マイナスのリスクは Negative Risks、プラスのリスクは Positive Risks です。新規事業などは、失敗のリスクはあるが、成功したときの利益を考慮して積極的にリスクを取る活動です。

プロジェクトのリスクは、次の2つに大別されます。

- 「個別リスク」：発生が不確実な事象または状態であり、発生した場合は、ひとつ以上のプロジェクト目標にプラスあるいはマイナスの影響を及ぼします。
- 「全体リスク」：プロジェクト全体に及ぼす不確実性の影響であり、個別リスクを含む不確実性のすべての源から発生し、プロジェクト成果におけるプラスとマイナスの両方の変動の影響にステークホルダーがさらされることを表します。

## 最近の動向

状態や状況に基づくリスクである「変動リスク」「曖昧さリ

# プロジェクト・リスク・マネジメント

| プロジェクトマネジメント・プロセス群 | 第11章 プロジェクト・リスク・マネジメント |
|---|---|
| 立上げプロセス群 | |
| 計画プロセス群 | 11.1「リスク・マネジメントの計画」<br>11.2「リスクの特定」<br>11.3「リスクの定性的分析」<br>11.4「リスクの定量的分析」<br>11.5「リスク対応の計画」 |
| 実行プロセス群 | 11.6「リスク対応策の実行」 |
| 監視・コントロール・プロセス群 | 11.7「リスクの監視」 |
| 終結プロセス群 | |

スク」などの「非事象リスク」、あるいはリスクの発生した後にしか認識できない「緊急リスク」への対処としての「プロジェクト回復力」の策定などに焦点が当てられてきています。

## テーラリングの考慮事項

プロジェクトの規模、プロジェクトの複雑さ、プロジェクトの重要性および開発プロセスなどの視点から、リスク・マネジメント・プロセスにはテーラリングが必要となります。

## リスク・マネジメントのプロセス

- 計画プロセス群:「リスク・マネジメントの計画」「リスクの特定」「リスクの定性的分析」「リスクの定量的分析」「リスク対応の計画」
- 実行プロセス群:「リスク対応策の実行」
- 監視・コントロール・プロセス群:「リスクの監視」

# 11-1 計画プロセス「リスク・マネジメントの計画」

## 概略

プロジェクトのリスク・マネジメント活動を実行する方法を定義し文書化したリスク・マネジメント計画書を作成するプロセスです。

PMBOKガイドでは「リスク・マネジメントの計画プロセスは、プロジェクトが構想された時点で開始し、プロジェクトの早期に完了すべきである」としています。このプロセスのアウトプットとなるリスク・マネジメントの計画書は、プロジェクトの遂行過程において、スコープの変更やフェーズの変更などの要因により、見直し、更新されます。

## プロセス

### ①インプット

プロジェクト憲章、プロジェクトマネジメント計画書、プロジェクト文書、組織体の環境要因、組織のプロセス資産

プロジェクトマネジメント計画書は、すべての承認済み補助マネジメント計画書が対象となります。

### ②ツールと技法

専門家の判断、データ分析、会議

リスク・マネジメント活動を実施するための計画は、会議において決められていきます。会議の参加メンバーはプロジェクト・チーム・メンバー、主要ステークホルダーなど幅広く集め、プロジェクトに関するリスクの洗い出し、重要リスクへの対処法などを論議し、共有していくこととします。

### ③アウトプット

リスク・マネジメント計画書

# リスク・マネジメントの計画

| | |
|---|---|
| インプット | ❶プロジェクト憲章<br>❷プロジェクトマネジメント計画書(すべての承認済み補助マネジメント計画書)<br>❸プロジェクト文書<br>❹組織体の環境要因<br>❺組織のプロセス資産 |
| ツールと技法 | ❶専門家の判断<br>❷データ分析<br>❸会議 |
| アウトプット | ❶リスク・マネジメント計画書 |

　リスク・マネジメント計画書には次の要素を含みます。「リスク戦略:リスク・マネジメントを行うための一般的手法を決める」「方法論:具体的な手法、ツール、およびデータ源を決める」「役割と責任:リスク・マネジメントのリーダーと支援者を決める」「資金調達:リスク・マネジメントを行うための資金,予備費の適用の手順を決める」「タイミング:リスク・マネジメントをいつ、どのように行うかを決め、プロジェクト・スケジュールに反映する」「リスク区分:個別リスクをグループ化するため、リスク・ブレークダウン・ストラクチャー (RBS) を作る」

　リスクを洗い出すプロセスでは、想定外をなくす努力が必要です。RBSはプロジェクト・リスクを構造的に分解していくもので、リスクをもれなく洗い出すのに役立ちます。

# 11-2 計画プロセス「リスクの特定」

## 概略
プロジェクトの全体リスクの要因だけでなく個別リスクの要因も特定し、その特性を文書化するプロセスです。

## プロセス

### ①インプット
プロジェクトマネジメント計画書、プロジェクト文書、合意書、調達文書、組織体の環境要因、組織のプロセス資産

プロジェクトマネジメント計画書の構成要素は次の通り。
「要求事項マネジメント計画書」「スケジュール・マネジメント計画書」「コスト・マネジメント計画書」「品質マネジメント計画書」「資源マネジメント計画書」「リスク・マネジメント計画書」「スコープ・ベースライン」「スケジュール・ベースライン」「コスト・ベースライン」

プロジェクト文書には次のものが含まれます。
「前提条件ログ」「コスト見積り」「所要期間見積り」「課題ログ」「教訓登録簿」「要求事項登録簿」「資源要求事項」「ステークホルダー登録簿」

### ②ツールと技法
専門家の判断、データ収集、データ分析、人間関係とチームに関するスキル、プロンプト・リスト、会議

データ収集の技法の主なものは次の通りです。
「ブレーンストーミング」「チェックリスト」「インタビュー」

データ分析の技法は、主に次の通りです。
- 「根本原因分析」：リスクを引き起こす根源的理由を明らかにする手法

# リスクの特定

| | |
|---|---|
| インプット | ❶プロジェクトマネジメント計画書<br>❷プロジェクト文書<br>❸合意書<br>❹調達文書<br>❺組織体の環境要因<br>❻組織のプロセス資産 |
| ツールと技法 | ❶専門家の判断<br>❷データ収集<br>❸データ分析<br>❹人間関係とチームに関するスキル<br>❺プロンプト・リスト<br>❻会議 |
| アウトプット | ❶リスク登録簿<br>❷リスク報告書<br>❸プロジェクト文書更新版 |

- 「前提条件と制約条件の分析」：プロジェクトの前提条件、制約条件から何がリスクかを判断していく。前提条件、制約条件の妥当性を探る手段
- 「SWOT分析」：強み、弱み、機会、脅威の各観点からプロジェクトを検討する技法
- 「文書分析」：プロジェクト文書の構造化されたレビューからリスクを特定する手法。文書の不確実性や曖昧さ、文書間の不一致などがリスクとなりうる

③**アウトプット**

　リスク登録簿、リスク報告書、プロジェクト文書更新版
　リスク登録簿に含まれる主なものは次の通りです。
「特定したリスクのリスト」「リスク・オーナー候補（リスクに対応する責任者の候補）」「リスク対応策案のリスト」

# 11-3 計画プロセス「リスクの定性的分析」

## 概略

リスクの発生の可能性や影響のみならず他の特性を評価し、さらなる分析のためにプロジェクトの個別リスクに優先順位をつけるプロセスです。

また、このプロセスでは適切なリスク対応策を計画し、それを確実に実施する責任を負う、各リストに対するリスク・オーナーを特定します。

## プロセス

### ①インプット

プロジェクトマネジメント計画書、プロジェクト文書、組織体の環境要因、組織のプロセス資産

プロジェクト文書に含まれるのは主に次の通りです。

「前提条件ログ」「リスク登録簿」「ステークホルダー登録簿」

### ②ツールと技法

専門家の判断、データ収集、データ分析、人間関係とチームに関するスキル、リスク区分化、データ表現、会議

データ分析の技法には、次のようなものがあります。

- 「リスク・データ品質査定」：個別リスクに関するデータが当該リスクにどの程度正確で信頼できるかを評価する
- 「リスク発生確率・影響度査定」：リスクの発生する確率と発生したときのプロジェクトに対する影響度を評価する
- 「他のリスク・パラメーターの査定」：リスクに優先順位をつけるため、緊急度、近接度、検出可能度、マネジメントの可能度などから評価する

データ表現の技法には、次のようなものがあります。

第11章　プロジェクト・リスク・マネジメント

## リスクの定性的分析

| | |
|---|---|
| インプット | ❶プロジェクトマネジメント計画書<br>❷プロジェクト文書<br>❸組織体の環境要因<br>❹組織のプロセス資産 |
| ツールと技法 | ❶専門家の判断<br>❷データ収集<br>❸データ分析<br>❹人間関係とチームに関するスキル<br>❺リスク区分化<br>❻データ表現<br>❼会議 |
| アウトプット | ❶プロジェクト文書更新版 |

- 「発生確率・影響度マトリックス」：各リスクの発生確率と、発生したリスクがプロジェクト目標に及ぼす影響度をマトリックスでマッピングしたもの。定性的評価の技法として一般的に使用される
- 「階層構造図」：3つ以上のパラメーターを使用してリスクが分類されている場合に使用される。バブル・チャート（影響度、検出可能度、近接度を3次元で表現）などがある

③**アウトプット**

プロジェクト文書更新版

プロジェクト文書更新版に含まれるのは主に次の通りです。
「前提条件ログ」「課題ログ」「リスク登録簿」「リスク報告書」

# 11-4 計画プロセス「リスクの定量的分析」

## 概略

プロジェクトの個別の特定したリスクとプロジェクト全体における他の不確実性要因が複合した影響を数量的に分析するプロセスです。すべてのプロジェクトに必須ではなく、個別リスクや不確実性要因に関する高品質なデータが入手できることが前提条件となります。また、そのデータを分析するリスク・ソフトウェアや専門知識も必要となります。

## プロセス

### ①インプット

プロジェクトマネジメント計画書、プロジェクト文書、組織体の環境要因、組織のプロセス資産

プロジェクトマネジメント計画書に含まれるのは次の通り。
「リスク・マネジメント計画書」「スコープ・ベースライン」「スケジュール・ベースライン」「コスト・ベースライン」

プロジェクト文書に含まれるのは主に次の通りです。
「前提条件ログ」「見積りの根拠」「コスト見積り」「コスト予測」「所要期間見積り」「マイルストーン・リスト」「資源要求事項」「リスク登録簿」「リスク報告書」「スケジュール予測」

### ②ツールと技法

専門家の判断、データ収集、人間関係とチームに関するスキル、不確実性の表現、データ分析

### ③アウトプット

プロジェクト文書の更新版

## 不確実性の表現

不確実性のある要素の可能な範囲を確率分布として表すも

## リスクの定量的分析

| | |
|---|---|
| インプット | ❶プロジェクトマネジメント計画書<br>❷プロジェクト文書<br>❸組織体の環境要因<br>❹組織のプロセス資産 |
| ツールと技法 | ❶専門家の判断<br>❷データ収集<br>❸人間関係とチームに関するスキル<br>❹不確実性の表現<br>❺データ分析 |
| アウトプット | ❶プロジェクト文書更新版 |

ので、一般的には次の技法が使用されます。

「三角分布」「正規分布」「対数正規分布」「ベータ分布」

### データ分析技法

次のようなものが使われます。

- 「シミュレーション」：個別リスクと他の不確実性の要因の複合的な影響をシミュレーションで分析する。一般的な方法として、モンテカルロ分析を使用する
- 「クリティカル分析」：リスク・モデル内のどの要素が、クリティカル・パスに最も大きな影響を与えるかを分析する
- 「感度分析」：プロジェクトの成果に影響する可能性の高い要素を判断するときに使用する
- 「デシジョン・ツリー分析」：複数の対策案の中から最適なものを選ぶときに使用する

# 11-5 計画プロセス「リスク対応の計画」

## 概略

リスクを減少させるための選択肢と方策を策定するプロセスです。立案したリスク対応計画は、リスクの重要度に対応しており、関係者全員の合意と責任者の明確化が必要です。

## プロセス

### ①インプット

プロジェクトマネジメント計画書、プロジェクト文書、組織体の環境要因、組織のプロセス資産

プロジェクト文書の内容は次の通り。

「教訓登録簿」「プロジェクト・スケジュール」「プロジェクト・チーム割当て」「資源カレンダー」「リスク登録簿」「リスク報告書」「ステークホルダー登録簿」

### ②ツールと技法

専門家の判断、データ収集、人間関係とチームに関するスキル、脅威への戦略、好機への戦略、コンティンジェンシー対応戦略、プロジェクト全体のリスクのための戦略、データ分析、意思決定

「専門家の判断」に必要とされる専門知識は次の通りです。

### 【脅威対応戦略】

- 「エスカレーション」:脅威への対応策がプロジェクト・マネジャーの権限を越えている場合に適切
- 「回避」:発生確率が高く、影響度も大きなリスクの場合は、回避しプロジェクト計画を一部変更する
- 「転嫁」:契約履行保証、保険など、リスクに対する負担を他者へ転嫁する

## 第11章 プロジェクト・リスク・マネジメント

# リスク対応策の計画

| インプット | ❶プロジェクトマネジメント計画書<br>❷プロジェクト文書<br>❸組織体の環境要因<br>❹組織のプロセス資産 |
|---|---|
| ツールと技法 | ❶専門家の判断　❷データ収集　❸人間関係とチームに関するスキル　❹脅威への戦略　❺好機への戦略　❻コンティンジェンシー対応戦略　❼プロジェクト全体のリスクのための戦略　❽データ分析　❾意思決定 |
| アウトプット | ❶変更要求<br>❷プロジェクトマネジメント計画書更新版<br>❸プロジェクト文書更新版 |

- 「軽減」：発生確率や影響度を軽減する対応策を立てる
- 「受容」：積極的な対応策を取らない

【好機対応戦略】

- 「エスカレーション」
- 「活用」：発生確率が100%まで高まると保証することにより、ベネフィットの一部を共有できるようにする
- 「共有」：好機のオーナーシップを第三者に移転し、ベネフィットの一部を共有する
- 「強化」：好機の発生確率や影響度を増大する戦略
- 「受容」

③**アウトプット**

変更要求、プロジェクトマネジメント計画書更新版、プロジェクト文書更新版

# 11-6 実行プロセス「リスク対応策の実行」

## 概略

合意済みのリスク対応計画を実行するプロセスです。合意済みのリスク対応策は計画通り実行されることが重要ですが、リスクの特定と分析およびリスク対応策の策定に労力を費やした結果、計画書は策定されたがリスクのマネジメントにいかなる作業工数もかけないことがあります。必要な作業工数をかけることによって積極的なマネジメントが行われます。

## プロセス

### ①インプット

プロジェクトマネジメント計画書、プロジェクト文書、組織のプロセス資産

### ②ツールと技法

専門家の判断、人間関係とチームに関するスキル、プロジェクトマネジメント情報システム

人間関係とチームに関するスキルの例としては、影響力があります。一部のリスク対応処置は、プロジェクト・チームに近い外部の人や他の競合する要求を持っている個人が所有していることがあります。プロジェクト・マネジャーは、リスク・オーナーに対して必要な処置を講じるよう促すための影響力を行使します。リスク・オーナーとは、リスクを監視し適切なリスク対応戦略を選択し実行する責任を負う人物、または組織です。

### ③アウトプット

変更要求、プロジェクト文書更新版

プロジェクト文書更新版には、次のものが含まれます。

第11章 プロジェクト・リスク・マネジメント

# リスク対応策の実行

| インプット | ❶プロジェクトマネジメント計画書<br>❷プロジェクト文書<br>❸組織のプロセス資産 |
|---|---|
| ツールと技法 | ❶専門家の判断<br>❷人間関係とチームに関するスキル<br>❸プロジェクトマネジメント情報システム |
| アウトプット | ❶変更要求<br>❷プロジェクト文書更新版 |

- 「課題ログ」:リスク対応策の実行プロセスとして課題が特定されるときに記録される
- 「教訓登録簿」:リスク対応策を実行した時に直面した問題、その回避方法に関する情報や、うまく機能した手法についての情報を更新する
- 「プロジェクト・チーム任命」:リスク対応策が確認されると、計画に関連づけられた処置に必要な資源が割り振られなければならない。人材、設備などの資源および、予算、所要期間などが更新される
- 「リスク登録簿」:以前に合意済みの個別リスク対応策の変更を盛り込む
- 「リスク報告書」:全体リスク・エクスポージャーへの以前に合意済みのリスク対応策の変更を反映する

# 11-7 監視・コントロール・プロセス「リスクの監視」

## 概略

プロジェクト全期間にわたり、合意済みリスク対応計画の実行を監視し、特定したリスクを追跡し、新しいリスクを特定し、分析し、そしてリスク・マネジメント・プロセスの有効性を評価するプロセスです。プロジェクトはいくつもの変動要素に見舞われます。すでに特定したリスクを追跡し、発生の可能性がなくなったリスクの削除、今後の残存リスクの監視、および新たなリスクの発生を想定し、特定します。

## プロセス

### ①インプット

プロジェクトマネジメント計画書、プロジェクト文書、作業パフォーマンス・データ、作業パフォーマンス報告書

プロジェクト文書には、次のようなものが含まれます。
「課題ログ」「教訓登録簿」「リスク登録簿」「リスク報告書」

### ②ツールと技法

データ分析、監査、会議

このプロセスで使用するデータ分析技法は次の通りです。

- 「技術的パフォーマンスの分析」：プロジェクト実行中の技術的成果と技術的達成のスケジュールとを比較する。そのためには技術的パフォーマンスを客観的かつ定量的に測定できる指標の定義が必要。技術的パフォーマンス指標の主なものは、重量、取引時間、納品された成果物の欠陥数などが含まれる。指標からの逸脱はリスクの可能性を示す
- 「予備設定分析」：プロジェクトの実行中は、コンティンジェンシー予備に対するプラス、マイナスの影響を伴ったリ

# リスクの監視

| インプット | ❶プロジェクトマネジメント計画書<br>❷プロジェクト文書<br>❸作業パフォーマンス・データ<br>❹作業パフォーマンス報告書 |
|---|---|
| ツールと技法 | ❶データ分析<br>❷監査<br>❸会議 |
| アウトプット | ❶作業パフォーマンス情報<br>❷変更要求<br>❸プロジェクトマネジメント計画書更新版<br>❹プロジェクト文書更新版<br>❺組織のプロセス資産更新版 |

スクが発生する。残存するコンティンジェンシー予備が十分かどうか判断するために、残存リスク量と残存コンティンジェンシー予備の残余量を比較する

### ③アウトプット

作業パフォーマンス情報、変更要求、プロジェクトマネジメント計画書更新版、プロジェクト文書更新版、組織のプロセス資産更新版

## リスクの監視プロセスの目的

- リスク対応策の実行は効果的か
- プロジェクトの全体リスクのレベルは変化したか
- 特定されたプロジェクトの個別リスクは変化したか
- リスク・マネジメント手法は依然として有効か

# 第12章

# プロジェクト調達マネジメント

# 序論 プロジェクト調達マネジメントとは

## 主要概念

プロジェクト調達マネジメントはPMBOKガイドブックで、「プロダクト、サービス、所産をプロジェクト・チームの外部から購入または取得するプロセスからなる」と定義されています。契約、契約覚書（MOA）、または内部サービス・レベル・アグリートメント（SLA）などの合意書を作成し、管理するのに必要なマネジメントおよびコントロール・プロセスが含まれます。このプロセスは、他のプロジェクトマネジメント・プロセスよりも、調達プロセスに関連する重要な法的義務および罰則が重要となり得ます。

国際的なプロジェクトでは、コントラクター、ベンダー、サービス・プロバイダーなどが海外企業であることも多くあり得ますが、そのような企業・組織との契約は、契約に関する地域や国内における法律および国際法に準拠することが求められます。PMBOKガイドでは「Procurement Management」を「調達マネジメント」と訳していますが、「契約マネジメント」と読み替えたほうがわかりやすいと思います。

PMBOKガイドでは、プロジェクト調達マネジメントは、購入者（Buyer）と納入者（Seller）の関係を、購入者の観点からとらえています。納入者は、ベンダー（Vender）やサプライヤー（Supplier）、コントラクター（Contractor）と表現されることもあります。

## 最近の動向

さまざまな業界のソフトウェア・ツール、リスク、プロセス、ロジスティックス、および技術には、プロジェクトの成

# プロジェクト調達マネジメント

| プロジェクトマネジメント・プロセス群 | 第12章 プロジェクト調達マネジメント |
|---|---|
| 立上げプロセス群 | |
| 計画プロセス群 | 12.1「調達マネジメントの計画」 |
| 実行プロセス群 | 12.2「調達の実行」 |
| 監視・コントロール・プロセス群 | 12.3「調達のコントロール」 |
| 終結プロセス群 | |

功率に影響を与えるような主要な傾向が多数あります。「ツールの進歩」「高度なリスク・マネジメント」「契約プロセスの変更」「ロジスティックスとサプライチェーンのマネジメント」

## テーラリングの考慮事項

プロジェクトがそれぞれ固有なことから、考慮すべき事項は以下の通りです。「調達の複雑さ」「物理的な場所」「ガバナンスと規制環境」「コントラクターの可用性」

## アジャイル型環境や適応型環境への考慮事項

アジャイル型環境では、チームを拡張するために、特定の納入者が使用されることがあります。この協業的な作業関係は、プロジェクトのリスクと報酬を両者で共有することになります。

# 12-1 計画プロセス「調達マネジメントの計画」

## 概略
プロジェクトの調達に関する意思決定を文書化して、取り組み方を明確にし、納入候補者を特定するプロセスです。

## プロセス

### ①インプット
プロジェクト憲章、ビジネス文書、プロジェクトマネジメント計画書、プロジェクト文書、組織体の環境要因、組織のプロセス資産

### ②ツールと技法
専門家の判断、データ収集、データ分析、発注先選定基準、会議

### ③アウトプット
調達マネジメント計画書、調達戦略、入札文書、調達作業範囲記述書、発注先選定基準、内外製決定、独自コスト見積り、変更要求、プロジェクト文書更新版、組織のプロセス資産更新版

調達マネジメント計画書の主な構成要素は次の通りです。

- プロジェクト・スケジュールの策定など他のプロジェクトの側面と、どう調整するか
- 主要な調達活動のタイムテーブル
- 契約のマネジメントに使用する調達評価マトリックス
- 調達に関連するステークホルダーの役割と責任
- 母体組織に調達部門がある場合のプロジェクト・チームの権限と制約条件
- 計画した調達に影響を及ぼす制約条件と前提条件

# 調達マネジメントの計画

| | |
|---|---|
| インプット | ❶プロジェクト憲章　❷ビジネス文書　❸プロジェクトマネジメント計画書　❹プロジェクト文書　❺組織体の環境要因　❻組織のプロセス資産 |
| ツールと技法 | ❶専門家の判断<br>❷データ収集<br>❸データ分析<br>❹発注先選定基準<br>❺会議 |
| アウトプット | ❶調達マネジメント計画書　❷調達戦略　❸入札文書　❹調達作業範囲記述書　❺発注先選定基準　❻内外製決定　❼独自コスト見積り　❽変更要求　❾プロジェクト文書更新版　❿組織のプロセス資産更新版 |

- 支払いが行われる法的管轄と通貨
- 契約履行保証や保険契約に対する要求事項の特定

## 組織のプロセス資産に含まれるプロジェクトの契約タイプ

プロジェクトで活用される契約のタイプは次の通りです。

- 定額契約（Fixed Price Contract）または一括請負契約
- 実費償還契約（Cost Reimbursable Contract）
- タイム・アンド・マテリアル契約（T&M契約）

以上3つの契約タイプの詳細は、「16 - 12」で説明します。

スコープの著しい変更が予測されない場合は定額契約が、スコープの著しい変更が予測される場合は実費償還契約がよく使用されます。

# 12-2 実行プロセス「調達の実行」

## 概略

納入者から回答を得て、納入者を選定し、契約を締結するプロセスです。このプロセスは、適格な納入者を選択し、納入のための法的な合意を形成することにあり、プロセスの最終結果は、正式な契約を含む確立された合意です。

## プロセス

### ①インプット

プロジェクトマネジメント計画書、プロジェクト文書、調達文書、納入候補者のプロポーザル、組織体の環境要因、組織のプロセス資産

プロジェクトマネジメント計画書に含まれるのは次の通り。
「スコープ・マネジメント計画書」「要求事項マネジメント計画書」「コミュニケーション・マネジメント計画書」「リスク・マネジメント計画書」「調達マネジメント計画書」「コスト・ベースライン」「コンフィギュレーション・マネジメント計画書」

プロジェクト文書には、次のものが含まれます。
「教訓登録簿」「プロジェクト・スケジュール」「要求事項文書」「リスク登録簿」「ステークホルダー登録簿」

調達文書には次のものが含まれます。
「入札文書」「調達作業範囲記述書」「独自コスト見積り」「発注先選定基準」

### ②ツールと技法

専門家の判断、公告、入札説明会、データ分析、人間関係とチームに関するスキル

第 12 章 プロジェクト調達マネジメント

## 調達の実行

| インプット | ❶プロジェクトマネジメント計画書　❷ビジネス文書　❸調達文書　❹納入候補者のプロポーザル　❺組織体の環境要因　❻組織のプロセス資産 |
|---|---|
| ツールと技法 | ❶専門家の判断<br>❷公告<br>❸入札説明会<br>❹データ分析<br>❺人間関係とチームに関するスキル |
| アウトプット | ❶選定済み納入者　❷合意書　❸変更要求　❹プロジェクトマネジメント計画書更新版　❺プロジェクト文書更新版　❻組織のプロセス資産更新版 |

専門家の判断には、次の専門知識を必要とします。
「プロポーザル評価」「技術または当該事項」「財務、エンジニアリング、設計、開発、サプライチェーン・マネジメントなど、関連機能分野」「産業規制の環境」「法律、規制、およびコンプライアンスの要求事項」「交渉」

### ③アウトプット

選定済み納入者、合意書、変更要求、プロジェクトマネジメント計画書更新版、プロジェクト文書更新版、組織のプロセス資産更新版

合意書の主要な構成要素は次の通りです。
「調達作業範囲記述書」「スケジュール、マイルストーン」「パフォーマンス報告」「価格と支払条件」「検査、品質、および受け入れ基準」「インセンティブとペナルティ」

# 12-3 監視・コントロール・プロセス「調達のコントロール」

## 概略
調達先との関係をマネジメントして、契約上のパフォーマンスを監視し、適切な変更と是正を行い、さらに契約を終結するプロセスです。

## プロセス
### ①インプット
プロジェクトマネジメント計画書、プロジェクト文書、合意書、調達文書、承認済み変更要求、作業パフォーマンス・データ、組織体の環境要因、組織のプロセス資産

プロジェクトマネジメント計画書に含まれるのは、次の通りです。
「要求事項マネジメント計画書」「リスク・マネジメント計画書」「調達マネジメント計画書」「変更マネジメント計画書」「スケジュール・ベースライン」

プロジェクト文書に含まれるのは、次の通りです。
「前提条件ログ」「教訓登録簿」「マイルストーン・リスト」「品質報告書」「要求事項文書（納入者が満たすべき技術的要求事項、パフォーマンスなどの要求事項）」「要求事項トレーサビリティ・マトリックス」「リスク登録簿」「ステークホルダー登録簿」

### ②ツールと技法
専門家の判断、クレーム管理、データ分析、検査、監査
「クレーム管理」：異議のある変更および解釈上問題となる変更は、変更に対する補償について合意に達しない、また変更の発生そのものに合意できないような変更要求など、異議

第 12 章　プロジェクト調達マネジメント

## 調達のコントロール

| インプト | ❶プロジェクトマネジメント計画書　❷プロジェクト文書　❸合意書　❹調達文書　❺承認済み変更要求　❻作業パフォーマンス・データ　❼組織体の環境要因　❽組織のプロセス資産 |
|---|---|
| ツールと技法 | ❶専門家の判断<br>❷クレーム管理<br>❸データ分析<br>❹検査<br>❺監査 |
| アウトプット | ❶調達終結　❷作業パフォーマンス情報　❸調達文書更新版　❹変更要求　❺プロジェクトマネジメント計画書更新版　❻プロジェクト文書更新版　❼組織のプロセス資産更新版 |

のある変更はクレームと呼ばれる。

　データ分析の技法には、次のものが含まれます。

- 「パフォーマンス・レビュー」：契約に照らし合わせ、品質、資源、スケジュール、コスト・パフォーマンスを測定し、比較し、および分析する。
- 「アーンド・バリュー分析」（EVA）：（18 – 1 参照）
- 「傾向分析」

### ③アウトプット

　調達終結、作業パフォーマンス情報、調達文書更新版、変更要求、プロジェクトマネジメント計画書更新版、プロジェクト文書更新版、組織のプロセス資産更新版

# 第13章

## プロジェクト・ステークホルダー・マネジメント

# 序論 プロジェクト・ステークホルダー・マネジメントとは

## 主要概念

プロジェクト・ステークホルダー・マネジメントは、PMBOK ガイドで「プロジェクトの作業に影響を与える可能性のある人、グループ、または組織を特定する、あるいはプロジェクトから影響を受ける可能性のある人や、影響を受けるかもしれないと思っている人を特定するために必要なプロセス」であると定義されています。

プロジェクトに影響を与える可能性のある人、グループ、組織だけでなく、影響を受ける人、グループあるいは組織までも対象とすることに留意しなければなりません。

このプロセスは、ステークホルダーの期待を分析し、影響を評価し、ステークホルダーからの関与を効果的に引き出すための戦略を策定するという、プロジェクト・チームを支援するものです。

PMBOK ガイドによると、注目を浴びる失敗プロジェクトについての学術的研究や分析は、すべてのステークホルダーの特定、優先順位づけ、および関与への構造化された手法の重要性を強調しています。プロジェクトの成功率を高めるためには、プロジェクト・マネジャーが任命され、チームが形成された後は、できるだけ早急にステークホルダーの特定とエンゲージメントのプロセスを開始すべきとしています。

## 最近の動向

ステークホルダー・マネジメントに関して、次の事項に留意する必要があります。

- 一部に限定せず、すべてのステークホルダーを特定する

# プロジェクト・ステークホルダー・マネジメント

| プロジェクトマネジメント・プロセス群 | 第13章 プロジェクト・ステークホルダー・マネジメント |
|---|---|
| 立上げプロセス群 | 13.1「ステークホルダーの特定」 |
| 計画プロセス群 | 13.2「ステークホルダー・エンゲージメントの計画」 |
| 実行プロセス群 | 13.3「ステークホルダー・エンゲージメントのマネジメント」 |
| 監視・コントロール・プロセス群 | 13.4「ステークホルダー・エンゲージメントの監視」 |
| 終結プロセス群 | |

- すべてのチーム・メンバーがステークホルダー・エンゲージメント活動に携わっていることを確実にする
- ステークホルダー・コミュニティを定期的にレビューする
- プラス、マイナスともに、ステークホルダーによる効果的な関与の価値を把握する

## テーラリングの考慮事項

ステークホルダーの多様性、ステークホルダーとの関係の複雑さ、コミュニケーション技術などを考慮すべきです。

## アジャイル型環境や適応型環境への考慮事項

変化の大きなプロジェクトほど、ステークホルダーの積極的関与と参加が必要となります。

# 13-1 立上げプロセス「ステークホルダーの特定」

## 概略

プロジェクトのステークホルダーを定期的に特定し、プロジェクト成功への関心事、関与、相互依存、影響および潜在的影響に関する情報を分析し、文書化するプロセスです。「ステークホルダー」には多くの人がいるため、プロジェクトに対する影響力や関心度を軸に分析し、効果的なコミュニケーション手段を講じます。

## プロセス

### ①インプット

プロジェクト憲章、ビジネス文書、プロジェクトマネジメント計画書、プロジェクト文書、合意書、組織体の環境要因、組織のプロセス資産

ビジネス文書は次のものを含みます。
「ビジネス・ケース」(プロジェクトに影響を与えるステークホルダーの初期リストが含まれる)、「ベネフィット・マネジメント計画書」(プロジェクトの成果からベネフィットを受けるであろうステークホルダーを特定するもの)

プロジェクトマネジメント計画書は次のものを含みます。
「コミュニケーション・マネジメント計画書」
「ステークホルダー・マネジメント計画書」

### ②ツールと技法

専門家の判断、データ収集、データ分析、データ表現、会議
データ収集の方法には、アンケートと調査、ブレーンストーミングがあり、データ分析の方法には、ステークホルダー分析があります。ステークホルダーを分析する視点は次のよう

# ステークホルダーの特定

| | |
|---|---|
| **インプット** | ❶プロジェクト憲章 ❷ビジネス文書 ❸プロジェクトマネジメント計画書 ❹プロジェクト文書 ❺合意書 ❻組織体の環境要因 ❼組織のプロセス資産 |
| **ツールと技法** | ❶専門家の判断<br>❷データ収集<br>❸データ分析<br>❹データ表現<br>❺会議 |
| **アウトプット** | ❶ステークホルダー登録簿<br>❷変更要求<br>❸プロジェクトマネジメント計画書更新版<br>❹プロジェクト文書更新版 |

なものです。

「組織内の立場」「プロジェクトにおける役割」「利害関係」「期待(プロジェクトへの主たる期待はなにか)」「態度(プロジェクトへの支援レベル)「情報への関心度」

### ③アウトプット

　ステークホルダー登録簿、変更要求、プロジェクトマネジメント計画書更新版、プロジェクト文書更新版、

　ステークホルダー登録簿は、以下の構成要素を含みます。「識別情報」(名前、職位、役割、所在地、連絡先)、「評価情報」(主要要求事項、主な期待、プロジェクトへの影響の可能性)、「ステークホルダー分類」(プロジェクトの内部、外部、支持者、中立者、反対者)

# 13-2 計画プロセス「ステークホルダー・エンゲージメントの計画」

## 概略

ステークホルダーのニーズ、期待、関心事、およびプロジェクトの成功に及ぼす潜在的影響度についての分析に基づき、プロジェクト全体を通して、効果的に関与してもらう対応戦略を決定するプロセスです。このプロセスは、最初のステークホルダーがステークホルダーの特定プロセスで特定された後に策定されますが、定期的に更新されます。その典型的なトリガーは次の通りです。「プロジェクトの新たなフェーズの開始」「組織構造や業界内に変更があったとき」「新たなステークホルダーの出現、あるいはステークホルダーの重要性の変更時」「他のプロセス群からのアウトプットがステークホルダー・エンゲージメント戦略への見直しを要求するとき」。

## プロセス

### ①インプット

プロジェクト憲章、プロジェクトマネジメント計画書、プロジェクト文書、合意書、組織体の環境要因、組織のプロセス資産

### ②ツールと技法

専門家の判断、データ収集、データ分析、意思決定、データ表現、会議

このプロセスで必要となる専門知識は次の通りです。「組織および組織外部の政治と権力構造」「組織および組織外の環境と文化」「ステークホルダー・エンゲージメントのプロセスに使用される分析技法」「コミュニケーション手法と戦略」「過去のプロジェクトからの知識」

第 13 章　プロジェクト・ステークホルダー・マネジメント

# ステークホルダー・エンゲージメントの計画

| インプット | ❶プロジェクト憲章<br>❷プロジェクトマネジメント計画書<br>❸プロジェクト文書<br>❹合意書<br>❺組織体の環境要因<br>❻組織のプロセス資産 |
|---|---|
| ツールと技法 | ❶専門家の判断<br>❷データ収集<br>❸データ分析<br>❹意思決定<br>❺データ表現<br>❻会議 |
| アウトプット | ❶ステークホルダー・エンゲージメント計画書 |

　データ表現の技法には「マインド・マップ法」「ステークホルダー関与度評価マトリックス」が含まれます。

　ステークホルダーの現在の関与度とプロジェクト成功に必要な望まれる関与度の指標は次の通りです。

「不認識」(プロジェクトも潜在的影響度も認識していない)、「抵抗」(潜在的な影響度は認識しているが、可能性のあるいかなる変更にも抵抗する)、「中立」(プロジェクトは認識しているが、支持でも不支持でもない)、「支援型」(プロジェクトと潜在的影響を認識しており、作業とその成果を支持する)、「指導」(潜在的影響を認識しており、プロジェクトの成功に積極的に取り組んでいる)

### ③アウトプット

　ステークホルダー・エンゲージメント計画書

# 13-3 実行プロセス「ステークホルダー・エンゲージメントのマネジメント」

## 概略

ステークホルダーのニーズや期待に応え、課題に対処し、ステークホルダーに適切な関与を促すために、ステークホルダーとコミュニケーションをとり、協働するプロセスです。

ステークホルダーのエンゲージメントをマネジメントするのは、プロジェクト・マネジャーの責任です。エンゲージメント（Engagement）の和訳は、「婚約、約束、契約」です。

プロジェクトマネジメントでは、ステークホルダーへの積極的な関与のことを意味しています。ステークホルダーのニーズと期待に応えるための活動です。

## プロセス

### ①インプット

プロジェクトマネジメント計画書、プロジェクト文書、組織体の環境要因、組織のプロセス資産

プロジェクトマネジメント計画書には次のものを含みます。
「コミュニケーション・マネジメント計画書」「リスク・マネジメント計画書」「ステークホルダー・エンゲージメント計画書」「変更マネジメント計画書」

### ②ツールと技法

専門家の判断、コミュニケーション・スキル、人間関係とチームに関するスキル、行動規範、会議

ステークホルダーからのフィードバックを受けるコミュニケーション・スキルには次の手法があります。

「正式および略式な会話」「課題の特定とディスカッション」「会議」「進捗報告」「調査」

## ステーク・ホルダー・エンゲージメントのマネジメント

| | |
|---|---|
| インプット | ❶プロジェクトマネジメント計画書<br>❷プロジェクト文書<br>❸組織体の環境要因<br>❹組織のプロセス資産 |
| ツールと技法 | ❶専門家の判断<br>❷コミュニケーション・スキル<br>❸人間関係とチームに関するスキル<br>❹行動規範<br>❺会議 |
| アウトプット | ❶変更要求<br>❷プロジェクトマネジメント計画書更新版<br>❸プロジェクト文書更新版 |

このプロセスで使用する人間関係とチームに関するスキルは以下のようなものがあります。

「コンフリクト・マネジメント」「文化的な認識」「交渉」「観察と対話」「政治的な認識」

### ③アウトプット

変更要求、プロジェクトマネジメント計画書更新版、プロジェクト文書更新版

# 13-4 監視・コントロール・プロセス「ステークホルダー・エンゲージメントの監視」

## 概略

ステークホルダー・エンゲージメントの監視は、エンゲージメント戦略と計画の改定を通して、プロジェクトのステークホルダーとの関係を監視し、ステークホルダーの関与への戦略をテーラリングするプロセスです。

## プロセス

### ①インプット

プロジェクトマネジメント計画書、プロジェクト文書、作業パフォーマンス・データ、組織体の環境要因、組織のプロセス資産

ステークホルダー・エンゲージメントの監視のプロセスに影響する組織体の環境要因は次の点に考慮します。

「組織の文化、政治情勢、ガバナンスの枠組み」「ステークホルダーのリスク閾値」「人事管理方針」「確立したコミュニケーン・チャネル」「施設や資源の地理的分布」

組織のプロセス資産には次の項目を含みます。

「ソーシャルメディア、倫理、およびセキュリティについての会社の方針」「課題、リスク、変更、およびデータのマネジメントに関する会社の方針」「組織のコミュニケーション要求事項」「情報の開発、交換、保管、検索のための標準化されたガイドライン」「過去のプロジェクトからの情報」

### ②ツールと技法

データ分析、意思決定、データ表現、コミュニケーション・スキル、人間関係とチームに関するスキル、会議

データ分析の主な技法は次の通りです。

# ステークホルダー・エンゲージメントの監視

| | |
|---|---|
| インプット | ❶プロジェクトマネジメント計画書<br>❷プロジェクト文書<br>❸作業パフォーマンス・データ<br>❹組織体の環境要因<br>❺組織のプロセス資産 |
| ツールと技法 | ❶データ分析<br>❷意思決定<br>❸データ表現<br>❹コミュニケーション・スキル<br>❺人間関係とチームに関するスキル<br>❻会議 |
| アウトプット | ❶作業パフォーマンス情報<br>❷変更要求<br>❸プロジェクトマネジメント計画書更新版<br>❹プロジェクト文書更新版 |

「代替案分析」「根本原因分析」「ステークホルダー分析」

人間関係とチームに関するスキルの主要なものは次の通りです。

「積極的傾聴」「文化的な認識」「リーダーシップ」「ネットワーキング」「政治的な認識」

### ③アウトプット

作業パフォーマンス情報、変更要求、プロジェクトマネジメント計画書更新版、プロジェクト文書更新版

# 第三部

## プロジェクトマネジメント標準

第三部では、PMBOKガイド第6版にパート2として追加された「プロジェクトマネジメント標準」について解説します。

　パート1「10の知識エリア」では、知識エリアごとに、5つのプロジェクトマネジメント・プロセス群を解説しています。たとえば、次のような流れです。

## 【パート1：10の知識エリアの構成】

### I 第4章　統合マネジメント

➡ ● 立上げプロセス群

「4.1　プロジェクト憲章の作成」

➡ ● 計画プロセス群

「4.2　プロジェクトマネジメント計画書の作成」

➡ ● 実行プロセス群

「4.3　プロジェクト作業の指揮・マネジメント」

「4.4　プロジェクト知識のマネジメント」

➡ ● 監視・コントロール・プロセス群

「4.5　プロジェクト作業の監視・コントロール」

「4.6　統合管理変更」

➡ ● 終結プロセス群

「4.7　プロジェクトやフェーズの終結」

### II 第5章　スコープ・マネジメント

➡ ● 計画プロセス群

「5.1　スコープ・マネジメントの計画」

「5.2　要求事項の収集」

「5.3　スコープの定義」

「5.4　WBSの作成」

➡ • 監視・コントロール・プロセス群

「5.5　スコープの妥当性確認」

「5.6　スコープのコントロール」

　これに対して、「プロジェクトマネジメント標準」は、プロジェクトの進捗に合わせて、どのプロセス群で、どのような知識エリアが使われるのか、プロジェクトの流れに沿って構成されています。たとえば、次のような流れです。

## 【パート2：プロジェクトマネジメント標準の構成】
### Ⅰ 立上げプロセス群

➡ • 4章　統合マネジメント

「4.1　プロジェクト憲章の作成」

➡ • 13章　ステークホルダー・マネジメント

「13.1　ステークホルダーの特定」

### Ⅱ 計画プロセス群

➡ • 4章　統合マネジメント

「4.2　プロジェクトマネジメント計画書の作成」

➡ • 5章　スコープ・マネジメント

「5.1　スコープ・マネジメントの計画」

「5.2　要求事項の収集」

「5.3　スコープの定義」

# 第14章

## 概論

# 序論 「プロジェクトマネジメント標準」

## プロジェクトマネジメント標準とは

PMBOK ガイドでは、「プロジェクトマネジメント標準」について次のように定義しています。

「標準とは、権威ある専門家、慣習、または一般的な合意によって、モデルまたは例示として確立された文書である。本標準は、合意、公開の原則、適正手続、および調整などの概念に基づくプロセスを通して成立したものである」

「プロジェクトマネジメント標準」は、ほとんどのプロジェクトのほとんどの場合に適切な実務慣行としてみなされるプロセスについて説明しています。

プロジェクトは個別であり、それぞれのプロジェクトのプロセスを構築するためには、「テーラリング」が重要であると解説してきましたが、この標準はテーラリングの基となるプロジェクトマネジメントの雛形プロセスです。

## プロジェクトマネジメント標準の構成

PMBOK ガイド第6版における「プロジェクトマネジメント標準」の構成は次のようになっています。本書の第三部の関連でご参照ください。

- はじめに→ 14 章
- 立上げプロセス群→ 15 章
- 計画プロセス群→ 16 章
- 実行プロセス群→ 17 章
- 監視・コントロール・プロセス群→ 18 章
- 終結プロセス群→ 19 章

構成内容は、本書の第一部および第二部との重複も多いため、第三部では、第一部および第二部で解説しきれなかった内容である「ツールと技法」「アウトプット」について記述します。

# 14-1 PMBOKガイド第6版の構成と本書の関連①

## 概論

PMBOKガイド第6版の構成と本書第一部での関連は次の通りです。

- 「1.1 プロジェクトおよびプロジェクトマネジメント」→第1章:「1−2」「1−3」「1−5」
- 「1.2 ポートフォリオ、プログラム、プロジェクト間の関係」→第1章「1−4」
- 「1.3 組織ガバナンスとプロジェクト・ガバナンスの連携」「1.4 プロジェクトの成功とベネフィット・マネジメント」「1.5 プロジェクト・ライフサイクル」→第1章「1−6」
- 「1.6 プロジェクトのステークホルダー」→第15章「15−2」
- 「1.7 プロジェクト・マネジャーの役割」→第1章「3−4」「3−5」
- 「1.8 プロジェクトマネジメント知識エリア」→第二部
- 「1.9 プロジェクトマネジメント・プロセス群」→第2章「2−5」
- 「1.10 組織体の環境要因と組織のプロセス資産」
- 「1.11 プロジェクト生成物のテーラリング」

以下、1.3、1.4、1.10、1.11について簡単に説明します

## 「1.3 組織ガバナンスとプロジェクト・ガバナンスの連携」

組織のガバナンスとは、方針やプロセスを通じて方向性やコントロールを提供し、戦略および定常業務上の目標を達成するために構造化された方法です。プロジェクトのガバナンスとは、組織、戦略、および業務上の目標を満たす固有のプ

ロダクト、サービス、または所産を生み出すためにプロジェクトマネジメント活動を導く枠組みです。組織のガバナンスの原理原則、決定およびプロセスは、プロジェクト・ガバナンスに影響を与えます。

## 「1.4 プロジェクトの成功とベネフィット・マネジメント」

プロジェクトは、組織の戦略目標と整合するビジネス好機を実現するために立ち上げられます。プロジェクトの立ち上げに先立ち、プロジェクト目標、必要な投資などをまとめたビジネス・ケースが作成され、目標および特定した成功基準と結果を比較することとなります。ベネフィット・マネジメントは、プロジェクトの成果、ベネフィットが、いつ、どのようにして実現されるかを記述したものです。プロジェクトの成果が、組織の事業戦略をどのように支援し整合するかを明確にします。

## 「1.10 組織体の環境要因と組織のプロセス資産」

知識エリアの「インプット」項目によく出てきます。プロジェクトは影響を及ぼし得る環境で存在し、運用されます。これらの影響は、プロジェクトに良い効果または悪い効果を与える可能性があり、プロジェクト・チームのコントロールが及ばないものです。環境要因はプロジェクト外の環境に由来し、組織体の外部のほか、組織内の環境要因としては、組織内部の文化、構造、およびガバナンスなどがあります。組織のプロセス資産には、組織特有の計画、プロセス、方針、手続き、および知識ベースなどがあります。

# 14-2 PMBOKガイド第6版の構成と本書の関連②

## 「1.11 プロジェクト生成物のテーラリング」

　生成物とは、プロジェクトマネジメント・プロセス、インプット、ツールと技法、アウトプット、組織体の環境要因、および組織のプロセス資産を指します。

　プロジェクト・マネジャーはプロジェクトにおいて使用するために、適切な生成物を選択し適合させます。プロジェクトは目標が独自であるがゆえに、選択、適合のテーラリング活動が必要となります。

　プロジェクトマネジメント計画書は、一般的な生成物です。それは、補助のマネジメント計画書、ベースライン、プロジェクト・ライフサイクルなどの多くの構成要素を含みます。プロジェクトマネジメント計画書に含まれない他の文書もプロジェクトマネジメントに使用されます。それらを総称してプロジェクト文書と呼びます。これも一般的な生成物であり、テーラリングが必要な生成物です。

　右ページの図表は典型的なプロジェクトマネジメント計画書とプロジェクト文書のリストです。

# プロジェクトマネジメント計画書とプロジェクト文書例

| プロジェクトマネジメント計画書 | プロジェクト文書 |
|---|---|
| 1. スコープ・マネジメント計画書<br>2. 要求事項マネジメント計画書<br>3. スケジュール・マネジメント計画書<br>4. コスト・マネジメント計画書<br>5. 品質マネジメント計画書<br>6. 資源マネジメント計画書<br>7. コミュニケーション・マネジメント計画書<br>8. リスク・マネジメント計画書<br>9. 調達マネジメント計画書<br>10. ステークホルダー・エンゲージメント計画書<br>11. 変更マネジメント計画書<br>12. コンフィギュレーション・マネジメント計画書<br>13. スコープ・ベースライン<br>14. スケジュール・ベースライン<br>15. コスト・ベースライン<br>16. パフォーマンス測定ベースライン<br>17. プロジェクト・ライフサイクルの記述<br>18. 開発アプローチ | 1. アクティビティ属性<br>2. アクティビティ・リスト<br>3. 前提条件ログ<br>4. 見積りの根拠<br>5. 変更ログ<br>6. コスト見積り<br>7. コスト予測<br>8. 所要期間見積り<br>9. 課題ログ<br>10. 教訓登録簿<br>11. マイルストーン・リスト<br>12. 物的資源の割当て<br>13. プロジェクト・カレンダー<br>14. プロジェクト伝達事項<br>15. プロジェクト・スケジュール<br>16. プロジェクト・スケジュール・ネットワーク図<br>17. プロジェクト・スコープ記述書<br>18. プロジェクト・チームの任命<br>19. 品質コントロール測定結果<br>20. 品質尺度<br>21. 品質報告書<br>22. 要求事項文書<br>23. 要求事項トレーサビティ・マトリックス<br>24. 資源ブレークダウン・ストラクチャー<br>25. 資源カレンダー<br>26. 資源要求事項<br>27. リスク登録簿<br>28. リスク報告書<br>29. スケジュール・データ<br>30. スケジュール予測<br>31. ステークホルダー登録簿<br>32. チーム憲章<br>33. テスト・評価文書 |

# 第15章

# 立上げプロセス群

# 15-1 立上げプロセス「プロジェクト憲章の作成」

　立上げプロセス群は、「2.1 プロジェクト憲章の作成」「2.2 ステークホルダーの特定」から成ります。ここでは、プロジェクトの立上げにより、初期のスコープが定義され、プロジェクトのステークホルダーが特定され、ステークホルダーの期待とプロジェクトの目的の整合性が図られます。

## 概略

　プロジェクト憲章は、プロジェクトを立ち上げる際に、企業の役員や上級マネジメントなどプロジェクトの予算執行に責任と権限を持つ人から、プロジェクト・マネジャーに公式に開始を許可するために発行する文書です。プロジェクト憲章を作成するためのインプットとして、あらかじめプロジェクトにより提供されるプロダクトやサービスを説明しているビジネス文書が定義されていることが前提となります。

　なぜプロジェクトを立ち上げるのか、何を作るのか。概算のスケジュールと予算、プロジェクトの前提条件、制約条件などを明確にします。

　プロジェクト憲章は、プロジェクトを組織として正式に認め、支援を意思表示するとともに、その権限を正式にプロジェクト・マネジャーに委譲することを意味しています。

## プロジェクト選択に影響している外部要素

- 問題、機会、またはビジネス要件の結果としての承認
- 経済：産業予測、現在の地方・世界経済、借入れコスト
- 競合：競争相手の行動、競合商品、潜在的な市場占有率
- 市場の要求：顧客要件、国際的なマーケティング機会、現在の製品販売における効果

## プロジェクト憲章(例)

```
プロジェクト名: _____  日付: _____
                      氏名      役割      責任
プロジェクト・スポンサー: _____ _____ _____
プロジェクト・マネジャー: _____ _____ _____
コアチーム・メンバー:    _____ _____ _____
                      _____ _____ _____
                      _____ _____ _____

        ビジネスニーズ: _____
      プロジェクトの目的: _____
    スポンサーの要求事項: _____
      プロジェクト成果物: _____
            概算予算: _____
      概算のスケジュール: _____
            前提条件: _____
        その他留意事項: _____
```

- 社会的/文化的要因:プロダクトの承認された製品の許容度、会社イメージの影響度
- 規制:特定の産業規制、環境保護、安全、雇用と労働法、公共団体からの支援

## プロジェクト選択に影響している内部要素

- 「金融」:投資総額、資金調達の入手可能性、借入れの現在のコスト、投資に対するリターン、資本回収期間
- 「人的資源」:関係する人員、適切なスキル保有の従業員の入手可能性、トレーニング要件
- 「生産」:会社設備の能力と可能性、既存の生産への配分量
- 「管理」:プロジェクトの長さ、適所の方針と手続、情報システムとサポートグループの効果、特許と企業秘密の影響

# 15-2 立上げプロセス「ステークホルダーの特定」

## 概略

13-1「ステークホルダーの特定」のプロセスで、ステークホルダーの分析を行います。PMBOKでは、ステークホルダーを「プロジェクトに積極的に関与しているか、またはプロジェクトの実行あるいは完了によって自らの利益がプラスまたはマイナスの影響を受ける個人や組織」と定義しています。近年、ステークホルダーの概念が拡大しており、一般消費者まで含めることがあります。

## ステークホルダーを識別するための質問

- プロジェクトによって影響を受ける人々または組織は？
- ステークホルダーの興味のレベルは？
- 彼らの期待は？
- それらは重要か？ それらの影響は何か？

ステークホルダーを特定する場合は、プラスの要因とマイナスの要因を分析します。プロジェクトの遂行に障壁になる要因は可能な限り排除すべきです。敵対するような関係になることは避けるべきです。

## ツールと技法

広範囲にわたるステークホルダーのプロジェクトへの影響度を分析するために、「ステークホルダー・マッピング」を使います。

マッピング指標にはいくつかありますが、代表的なものは次の通りです。

- 縦軸にプロジェクトに対するステークホルダーの権限のレベル、横軸に利害のレベル

第 15 章 立上げプロセス群

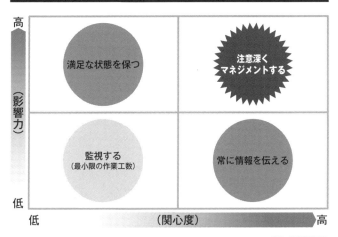

出典：PMBOK 第 4 版

- 縦軸に権限レベル、横軸に関与レベル
- 縦軸に参加の度合い、横軸に変更に対する影響度

## アウトプット

このプロセスのアウトプットは、ステークホルダー登録簿です。含まれる情報は、識別情報、評価情報、ステークホルダー分類です。

マトリックスで分類されたグループに対して、コミュニケーション計画を作ることとなりますが、その参考となるのがステークホルダー登録簿です。すべてのステークホルダーに同じようなコミュニケーション戦略をとることは叶いません。制約条件の中で、ステークホルダーの要求を最大公約数的に満足させ、実現性のあるものにまとめることが重要になります。

# 第16章

# 計画プロセス群

# 序論 計画プロセス群

## 計画プロセス群とは

　計画プロセス群は、作業全体のスコープを確定し、目標達成のために必要な一連の流れを規定するプロセスで、独自性のある目標を持つプロジェクトにおいては、最も重要なプロセスと言えます。

　計画プロセス群に含まれるプロセスは、右ページの相関図で示した通りです。

　これらについては第二部「プロジェクトマネジメント10の知識エリア」で説明していますので、ここでは計画プロセス群の主要なプロセスで説明しきれなかった「ツールと技法」および「アウトプット」を中心に解説します。その内容は、以下の通りです。

```
16 - 1     ：3.4 スコープの定義
16 - 2     ：3.5 WBSの作成
16 - 3、4  ：3.8 アクティビティの順序設定
16 - 5、6  ：3.10 スケジュールの作成
16 - 7     ：3.15 資源マネジメントの計画
16 - 8     ：3.17 コミュニケーション・マネジメント
             の計画
16 - 9     ：3.18 リスク・マネジメントの計画
16 - 10    ：3.20 リスクの定性的分析
16 - 11    ：3.21 リスクの定量的分析
16 - 12    ：3.23 調達マネジメントの計画
```

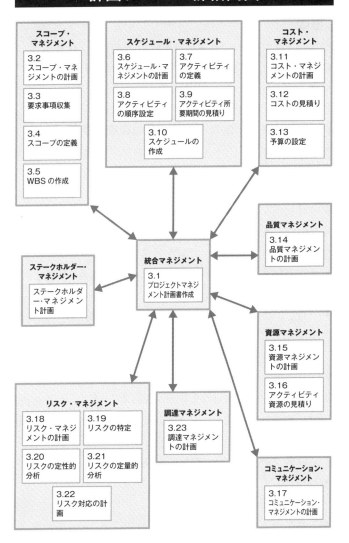

# 16-1 計画プロセス「3.4 スコープの定義」

## 概略

このプロセスは、「3.3 要求事項収集」に続くプロセスで、プロジェクトおよび成果物に関する詳細な記述書を作成するプロセスです。アウトプットは、プロジェクト・スコープ記述書です。

## プロジェクト・スコープ記述書の構成要素

- プロダクト・スコープ記述:プロジェクト憲章および要求事項文書に記述のあるプロダクト・サービス・所産の特性を段階的に詳細化する。
- プロダクトの要素成果物:成功基準・完了基準
- プロジェクトからの除外項目:プロジェクトのスコープである事項を明示するリスト
- プロジェクトの制約条件:時間、コスト、資源、リスク、品質、その他のプロジェクトを制限するもの
- プロジェクトの前提条件:わかっている前提条件を特定し文書化する

プロジェクト・スコープ記述書を使い、プロジェクトの顧客、経営陣、チーム・メンバー、第三者とプロジェクトの目的や目標について共通のビジョンを打ち立てることにより、プロジェクト参加者の間でプロジェクトに関する熱意と関心を高めることができます。

## プロダクト・スコープ記述書の項目

- 目標
- スコープ定義
- 要求事項

# プロジェクト・スコープ記述書の作成プロセス

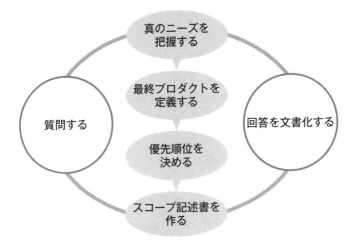

- 要素成果物
- 受け入れ基準
- 制約条件、前提条件
- 当初のプロジェクト組織
- リスクの定義
- スケジュール・マイルストーン
- 資金の上限
- コスト見積り
- コンフィギュレーション・マネジメント要求事項
- 仕様
- 承認された要求事項

# 16-2 計画プロセス「3.5 WBSの作成」

## 概略

プロジェクト・スコープ記述書で、プロジェクトで作る成果物が決まったら、次にWBS(プロジェクト目標を達成し、必要な成果物を生成するために、プロジェクト・チームが実行する作業を、成果物を主体に階層的に要素分解したもの)を作成します。WBSの作成には要素分解を用います。

## ツールと技法

要素分解とは、「成果物をより細かく、マネジメントしやすい構成要素に細分化していき、作業と成果物をワーク・パッケージ・レベルで定義する」ことです。

## 要素分解のガイドライン

「WBSのレベル1の切り口」「地域・プロダクト・ライフサイクル」「費目(勘定科目)・プロダクトの部品」「機能・組織・時期」

- WBSの最下位レベルは、ワーク・パッケージからなる
- そのレベルの詳細さ(精度)でコストと所要期間見積りができるかどうかを判断する
- 分解レベルはまちまちでよい。何度も実施しているものは、あまり細かくしなくてもよい。よくわからないものや複雑なものは、細かく分解する
- 要素分解の精度を検証する
- 下位レベルのものは、上位レベルのものを完了させるのに必要十分か。それぞれは明確に、十分定義されているか。それぞれにつき、スケジュール作成、予算策定、担当の配分ができるかを検証する

# 第 16 章 計画プロセス群

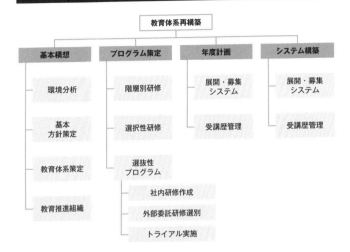

## WBS の利点

- はかどりやすい作業工数に分割できる
- 無駄な作業を省ける
- メンバーの役割ごとに作業分担できる
- 作業量を調整、予測できる
- 作業の責任と権限の所在が明確化できる

## 関連用語

- 「WBS コード」: WBS の各構成要素の識別番号
- 「WBS 辞書」: WBS の各構成要素を記述した文書。WBS 要素ごとに、スコープと要素成果物の定義、関連アクティビティのリスト、及びマイルストーンのリストを含む
- 「WP(ワーク・パッケージ)」: WBS の最下位レベルにある要素成果物

# 16-3 計画プロセス「3.8 アクティビティの順序設定」①

## 概略

アクティビティの順序設定とは、2つのアクティビティの論理的関係を規定し、先行アクティビティと後続アクティビティを定義することです。このプロセスで使用する「ツールと技法」は、プレシデンス・ダイアグラム法（PDM）です。

## ツールと技法

プレシデンス・ダイアグラム法とは、ネット・ワーク図の作成方法で、ノード（Node）でアクティビティを示し、矢印で依存関係を示す技法です。「アクティビティ・オン・ノード」（AON）とも呼ばれます。

## PDM作成のプロセス

- WBSで、プロジェクトで作る要素成果物を決める
- 要素成果物から、作業の依存関係を判断する
- マイルストーンを特定する
- 作業を行う順序を決める
- 依存関係が正しいか見直す

## 依存関係の4種類

- 「終了・開始型」：先行作業が終了して、後続作業を開始する。一番多くみられるタイプ
- 「開始・開始型」：先行作業の終了を受けて、後続の2つの作業が同時に開始される
- 「終了・終了型」：2つの作業の開始のタイミングは異なるが、同時に終了する関係
- 「開始・終了型」：後続作業の開始をもって、先行作業が終了するタイプ

第16章 計画プロセス群

# ネットワーク

## ネットワーク図

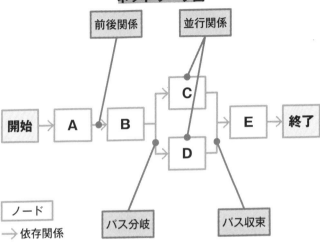

## 4つの作業の依存関係

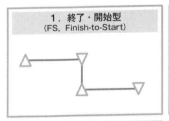

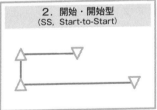

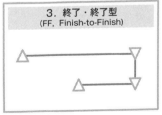

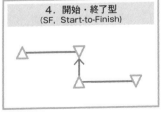

# 16-4　16 − 4「3.8 アクティビティの順序設定」②

## ■リード（Lead）とラグ（Lag）

計画したスケジュールが予想以上に長かったときなど、現実的なスケジュールにするためには、「リード」と「ラグ」という依存関係が用いられます。

### ①リード

後続のアクティビティを前倒しできる論理的依存関係のことです。基本は、「終了・開始型」の依存関係ですが、先行作業の中間成果物で後続作業が開始できることが判明したときは活用できます。

### ②ラグ

アクティビティが終わった後、後続のアクティビティは一定の期間が経たなければ開始できない論理的依存関係のことです。塗装作業で下塗り・上塗りを行うとき、下塗りの後、上塗りを行うまでに養生期間を置きますが、これがラグです。

## ■アウトプット

このプロセスのアウトプットは、ネット・ワーク図となります。

すべてのアクティビティの依存関係を表したのが、ネット・ワーク図です。

PDM（プレシデンス・ダイアグラム法）のネット・ワーク図を次ページに表します。

# ネット・ワーク図:プレシデンス・ダイアグラム法

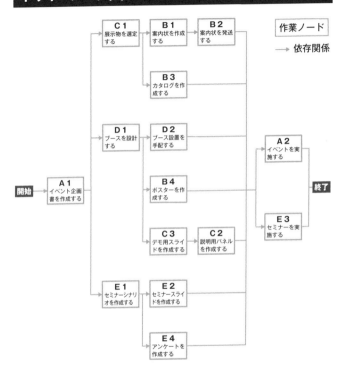

# 16-5 計画プロセス「3.10 スケジュールの作成」①

## 概略

ネットワークに基づき、実行可能なスケジュールを作成するプロセスです。一旦、現状での制約条件で達成可能なスケジュールを作成し、必要に応じて短縮技法を使用します。

## ツールと技法

このプロセスで使用する「ツールと技法」です。

- クリティカル・パス法
- スケジュール短縮
- 資源最適化技法

## クリティカル・パス法

クリティカル・パスとは、ネットワーク図の開始から終了までの間で、最も長い期間を要する経路です。この経路上のアクティビティは余裕時間が「0」で、クリティカル・パス上にあるアクティビティのどれかが遅れると、プロジェクト全体の終了の遅れにつながります。

## クリティカル・パスの求め方

① アクティビティの所要期間を見積る
② 最早開始日・最早終了日を求める（往路時間計算）
③ 最遅終了日・最遅開始日を求める（復路時間計算）
④ 各アクティビティのフロート（余裕時間）を求める
⑤ クリティカル・パスを求める

フロートが0を結んだ経路が、クリティカル・パスです。クリティカル・パス法は実践編で詳細に解説します。

# クリティカル・パス（例）

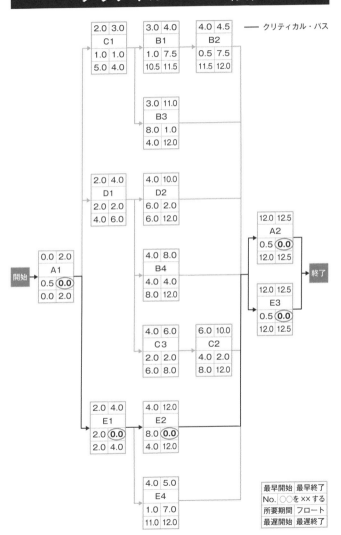

# 16-6 計画プロセス「3.10 スケジュールの作成」②

## スケジュールの短縮

クリティカル・パス分析で得られたプロジェクトの総所要期間（最短所要期間）を短縮するためには、クリティカル・パスの短縮をすることが必要です。2つの手法があります。

- 「クラッシング」：クリティカル・パス上のアクティビティに資源を追加して短縮する
- 「ファースト・トラッキング」：アクティビティの依存関係を見直し、前後関係にあったアクティビティを並行関係に変更する

## 資源最適化技法

アクティビティの依存関係の重なり具合によっては、人的資源がある時期に集中することも起きてきます。この状況を容認しておくと、アクティビティが当初の所要期間に終了しないリスクが発生します。この問題に対処するには次の2つの方法があります。

- 「資源平準化」：資源効率とスケジュールのトレードオフを考慮し、スケジュールの遅れを容認する
- 「資源円滑化」：アクティビティのフロート（余裕時間）を利用して、アクティビティを移動させ、スケジュール遅れを防ぐ。非クリティカル・パスのアクティビティには、フロートが存在する

## アウトプット

「スケジュールの作成」プロセスのアウトプットは「スケジュール表」です。スケジュール表でよく使われるものに「ガント・チャート（Gantt chart）」があります。ガント・チャー

# スケジュール作成　ガント・チャート（例）

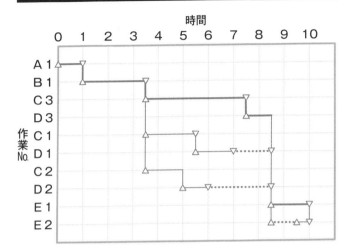

トとは、作業計画およびスケジュールを横型棒グラフで示した工程管理図、またはその表記法のことです。アクティビティのフロートを表記できることからよく活用されます。ガント・チャートでは、縦軸に作業（タスク、アクティビティ）ないし資源（リソース）を取り、横軸に時間を取って、各作業や資源の所要期間をそれに比例した長さの横棒で示します。

## ガント・チャートの作り方

- アクティビティ・リストを、ガント・チャートに書き込む
- 各作業の最早開始を△で、最早終了を▽で表し、その間を線で結び所要期間とする
- クリティカル・パス上にない作業は、フロートを斜め線（点線）で表す。先行作業の終了時と後続作業の開始時を縦線で結び、依存関係を示す

# 16-7 計画プロセス「3.15 資源マネジメントの計画」

## 概略

このプロセスでは、物的および人的資源を見積り、獲得し、活用する方法を定義する資源マネジメント計画書を作成します。「ツールと技法」で活用されるのは階層構造図やマトリックス型チャートがあります。ここでは、マトリックス型チャートで一般的な役割分担表(RAM：Responsibility Assignment Matrix)について説明します。

## ツールと技法

役割分担表（RAM）は、プロジェクトにおいて、目的を達成するために、複数の人間や組織が実施する仕事において、必要なスキルと、メンバーを組み合わせる表です。組織や要員の役割や責任の分担・割り当てを示します。

人的資源計画ツールに位置づけられ、割り当てられた、ワーク・パッケージもしくはアクティビティ・リストを誰が担当し、どの作業の責任を負うかを明確にします。

## 役割分担表作成のポイント

① 表の縦軸に作業（あるいは成果物）、横軸に担当者や担当組織を取った2次元マトリックスを作成する
② マトリックスの升目に担当区分（責任、役割）を記入する
③ 各作業・成果物には必ず1人の責任者を配置する
④ 責任者には、その作業に必要な知識と経験を持つ人をあてる
⑤ 役割分担表では、特定の課題に対して相談できる人も入れておく
⑥ ステークホルダーの中に、その作業の承認者がいる場合は

## RAMの例(RACIチャート)

| RACIチャート | 要員 | | | | |
|---|---|---|---|---|---|
| アクティビティ | 三原 | 鴨 | 大垣 | 浜田 | 日向 |
| 定義 | A | R | C | I | I |
| 設計 | I | A | R | C | C |
| 開発 | I | A | R | C | I |
| テスト | A | I | I | R | I |

責任者（R：Responsiblity）
説明責任（A：Accountability）
相談対応（C：Consultant）
情報提供（I：Information）

入れておく

## 役割の主な表現

* P：責任者（Prime,Primary） 1人
* S：支援者（Support） 0～n人
* A：承認者（Approver）
* R：検討者（Reviewer）
* N：報告しておくべき人（Notify）
* SME：専門家（Subject Matter Expert）

　役割を実行責任（Responsibility）、説明責任（Accountability）、相談対応（Consult）、情報提供（Inform）などで区分したものは、RACIチャートと呼ばれます。上記の図はその例です。

# 16-8 計画プロセス「3.17 コミュニケーション・マネジメントの計画」

## 概略

このプロセスは、ステークホルダーのニーズに基づいたコミュニケーション活動のための適切な計画を策定しますが、「ツールと技法」について解説します。

## ツールと技法

- 専門家の判断:専門家に求められるスキルは以下の通り。「組織内の政治と権力の構造」「自組織や他の顧客組織の環境と文化」「組織の変更マネジメント手法と実務慣行」「業界またはプロジェクト成果物のタイプ」
- コミュニケーション要求事項分析:要求事項の情報源としては、ステークホルダー・エンゲージメント計画書、ステークホルダー登録簿から入手。コミュニケーション・チャネルやパスの数が増えるとコミュニケーションが飛躍的に複雑化する
- コミュニケーション・モデル:モデルとしては、基本的な線形形式、双方向な形式、異文化コミュニケーションがある基本的な線形形式では、
- 送信者と受信者と規定される二種類の当事者で構成される
- メッセージが理解されるかどうかより、確実に伝達されることが重視される

## コミュニケーション・モデルの手順

①コード化:メッセージは、テキスト、音声、などの記号にコード化される

②メッセージの送信:ノイズや他の要因が存在し、情報の損失に繋がる可能性がある

# コミュニケーションのツールと技法

## コミュニケーション・チャネル

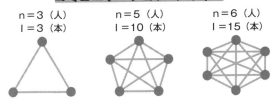

## コミュニケーションモデル

出典：PMBOK第4版

③解読：受信されたデータは受信者にとって有用な形式に戻されるよう変換される

双方向モデルでは、上記の手順に加え、次の追加ステップがあります。

①受信確認：受信者はメッセージを受け取ったという信号を発する

②フィードバックや応答：受信者は受け取ったメッセージを解読し、理解した上で、考えやアイデアをメッセージとしてコード化し、返信する

③フィードバックにより、元のメッセージと一致すると、コミュニケーションが成立

異文化間コミュニケーションでは、メッセージの理解の段階で関門が存在します。

# 16-9 計画プロセス「3.18 リスク・マネジメントの計画」

## 概略

このプロセスは、リスク・マネジメント活動を行う方法を定義します。アウトプットとしてのリスク・マネジメント計画書に含まれる「リスク区分」について説明します。

## リスク区分

個別リスクをグループ化するための手段で、一般的に使用されるのは、潜在的なリスク要因を階層的に表示する「リスク・ブレークダウン・ストラクチャー（RBS）」です。

リスクの想定は、想定外をなくす努力が求められますが、プロジェクトの潜在化した、発生可能性のあるあらゆる要因をプロジェクト・チームが検討するときに役立ちます。

RBSはリスク・マネジメントにおけるWBSです。階層的にリスク要因を検討することで、リスク発生要因のヌケ・モレを防ぐ可能性が高まります。

RBSを活用するのは、主にプロジェクトの立上げプロセスにおいてであり、プロジェクト全体で、どのようなリスクが潜在化しているのかを把握するときに使用されます。

組織によっては、組織内で行われるすべてのプロジェクトに活用される汎用RBSが「組織の知的資産」として用意されていることもありますが、プロジェクト特有の要因を加味したテーラリングを行うことも必要です。

最近では、RBSはプロジェクトだけにとどまらず、企業のビジネス活動全般についてのRBSが設定され、これを活用することにより、プロジェクトが組織のビジネス活動に及ぼす影響・リスクまでを考慮する仕組みが導入されています。

第16章 計画プロセス群

# 16-10 計画プロセス「3.20 リスクの定性的分析」

## 概略

リスクの発生する確率、発生した場合のプロジェクトに与える影響度を検討して、個別リスクへの対策の優先度を決定するプロセスです。

リスクの定性的分析は、分析プロセスに参加するメンバーのリスクに対する認知度が重要なファクターになります。

認知度のバラツキを是正するためには、以下のことが必要です。

- 対象となるリスク事象をできるだけ具体化することで、認知度のレベリングが図れる
- リスク事象発生時のプロジェクトにおける影響は、幾通りも考えられる。その中で影響度の大きい事象に特定することも必要である

このプロセスで、使用される主要な「ツールと技法」に「リスク発生確率と影響度査定」、データ表現としては「発生確率・影響度マトリックス表」があります。

## ツールと技法

- 発生確率・影響度マトリックス表作成の手順
  ① 縦軸に発生確率を取る（発生確率高い⇒低い）
  ② 横軸に影響度を取る　（影響度大きい⇒小さい）
  ③ 想定されるリスク事象を、分割されたマトリックスのゾーンに配置する
  ④ 発生確率高い・影響度大ゾーン：予防対策、発生時対策を検討する
  ⑤ 発生確率低い・影響度大ゾーン：発生時対策を検討する

## リスクの定性的見積り

| | 影響度 小 | 影響度 大 |
|---|---|---|
| 発生確率 高 | 適宜対応 | 予防対策、発生時対策 |
| 発生確率 低 | 無視 | 発生時対策 |

⑥発生確率高い・影響度小ゾーン：適宜対応

⑦発生確率低い・影響度小ゾーン：無視

- 予防対策：発生確率を下げる対策
- 発生時対策：影響度を下げる対策

# 16-11 計画プロセス「3.21 リスクの定量的分析」

## 概略

このプロセスは、特定した個別リスクとプロジェクト目標全体の不確実性要因が複合した影響を数量的に分析するプロセスです。

このプロセスはすべてのプロジェクトに必須のプロセスではありませんが、プロセスで使用される主要な「ツールと技法」の解説をします。

## ツールと技法

リスクの定量的分析に使われる「ツールと技法」のデータ分析で主要なものは、次の3つです。

### ①シミュレーション

主なものに「モンテカルロ・シミュレーション法」があります。スケジュールのリスクに適用するときは、所要期間見積りとスケジュールネットワーク図をインプットし、コンピュータ・ソフトウエアで数千回のシミュレーションを行い、スケジュール遅れの確率を見積もります。

### ②感度分析

どの個別リスクがプロジェクトの成果物に影響する確率が高いかを判断するときに使います。

### ③デシジョン・ツリー分析

複数の選択肢からリスクの発生確率を加味したときの影響度を検討し、最適な選択肢を決定します。次ページの図表の事例をご参照ください。コストを最小に抑えるための最適な選択として、A社とB社のうち、どちらの業者を選ぶべきでしょうか？

# デシジョン・ツリー分析

**A社**
- 見積額：8,000万円
- 納品が10日遅れる確率は10%

**B社**
- 見積額：7,700万円
- 納品が40日遅れる確率は30%

**納品1日の遅れで、10万円の費用負担が発生**

### 答え

コストを最小に抑えるための最適な選択肢は、B社となります。

# 16-12 計画プロセス「3.23 調達マネジメントの計画」

## 概略

このプロセスは、納入業者の選定基準などを定義した調達マネジメント計画書を作成します。調達マネジメントにおける主要な要素は、選定業者との間で締結する契約です。契約のタイプは大きく3つのタイプに分かれます。

## 定額契約（Fixed Price Contract）

### ①完全定額契約（FFP契約）

納入者が購入者に対し、所定の価格で物品やサービスを提供することを合意します。納入者のリスクのほうが大きいため、納入者はコストを削減しようとします。

### ②定額インセンティブ・フィー契約（FPIF契約）

納入者が購入者に対し、所定の価格に一定の基準を満たした場合のボーナスを追加した金額で物品やサービスを提供することを合意します。最終コストが目標コストを下回った場合、双方が共有比率に応じて節約分を分け合います。

### ③経済価値調整付き定額契約（FP-EPA契約）

納入者が購入者に対し、インフレ率の変化や特定の商品コストの変動に応じて、事前に定義した最終調整を契約価格に加えることを合意します。納入者の実行が長期にわたる場合は、望ましい契約です。

## 実費償還契約（Cost Reimbursable Contract）

### ①コスト・プラス固定フィー契約（CPFF契約）

納入者は所定のコストに定額フィーを加えた額を受け取ります。フィーはコスト見積りの一定割合とすることが一般です。

## 契約形態とリスク

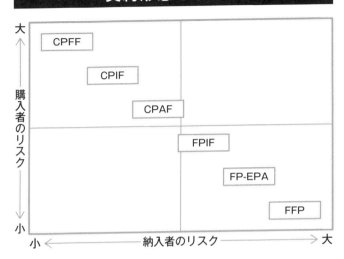

### ②コスト・プラス・インセンティブ・フィー契約（CPIF）

納入者は所定のコストにあらかじめ決められたフィーとボーナスを受け取ります。最終コストが見積り額を下回る場合、納入者と購入者が共有比率に応じて節約分を分け合います。

### ③コスト・プラス・アワード・フィー契約（CPAF契約）

納入者にはコストとフィーが払われますが、award（賞金）フィーは購入者が主観的に決定します。実費償還契約の中では、最も購入者が有利な契約形態です。

### タイム・アンド・マテリアル契約（T&M契約）

実費償還契約と定額契約の両面を持つ複合契約です。納入者が購入者に対し予め単価を決めておくことに合意します。

# 第 17 章

# 実行プロセス群

# 序論　実行プロセス群

　実行プロセス群は、プロジェクトの要求事項を満たすために、プロジェクトマネジメント計画書に定められた作業を完了するために実施されるプロセスです。

　実行プロセス群に含まれるプロセスは、以下の通りです。

---

4.1 プロジェクト作業の指揮・マネジメント
4.2 プロジェクト知識のマネジメント
4.3 品質のマネジメント
4.4 資源の獲得
4.5 チームの育成
4.6 チームのマネジメント
4.7 コミュニケーションのマネジメント
4.8 リスク対応策の実行
4.9 調達の実行
4.10 ステークホルダー・エンゲージメントのマネジメント

---

　第17章では、以下のプロセスについて詳細を説明します。
　17 − 1：「4.3 品質のマネジメント」
　17 − 2：「4.10 ステークホルダー・エンゲージメントのマネジメント」

第17章 実行プロセス群

# 実行プロセス群相関図

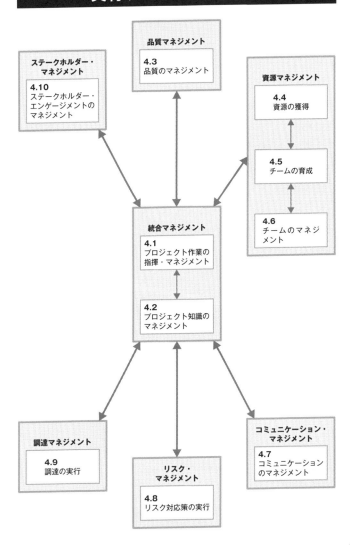

# 17-1 実行プロセス「4.3 品質のマネジメント」

## 概略

組織の品質方針をプロジェクトに取り入れ、品質活動を実行に移すプロセスです。

このプロセスで主に使用される「ツールと技法」には、データ表現として次のものがあります。

### ①親和図

欠陥の潜在的な原因をグループ分けし、焦点を当てるべき領域を示すことに使われます。

### ②特性要因図

魚の骨図とか石川ダイアグラムとも呼ばれます。欠陥の要因を段階的に細分化して表示します。

### ③ヒストグラム

欠陥の数量データをグラフ化して示した分布図です。数量の大きな要因から対策を講じる判断に有効です。

### ④マトリックス・ダイアグラム

様々な要素間の関連性を縦横のマトリックス上に表現します。

### ⑤散布図

母集団における2つの変数間の関係や分散状態をグラフで示します。

# 品質マネジメントのツールと技法

## 親和図

| テーマA | | テーマB | |
|---|---|---|---|
| 要因1 | 要因2 | 要因7 | 要因8 |
| 要因3 | 要因4 | 要因9 | 要因10 |
| 要因5 | 要因6 | | 要因11 |

## 特性要因図

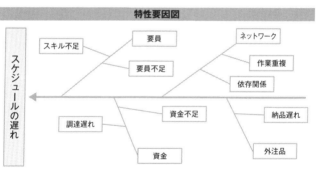

## ヒストグラム

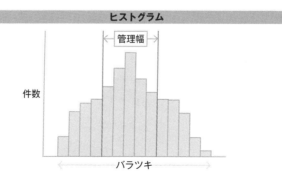

# 17-2 実行プロセス「4.10 ステークホルダー・エンゲージメントのマネジメント」

## 概略

このプロセスは、ステークホルダーのニーズや期待に応え、課題に対処し、ステークホルダーの適切な関与を促すためにステークホルダーとコミュニケーションをとり、協同するプロセスです。

ステークホルダー・マネジメントに含まれる活動は具体的には次の通りです。

- ステークホルダーをプロジェクトの適切な段階で関与させ、プロジェクトの成功へのステークホルダーの継続的なコミットメントを獲得し、確認し、または維持する
- 交渉やコミュニケーションを通じて、ステークホルダーの期待をマネジメントする
- ステークホルダー・マネジメントに関連するリスクや潜在的な懸念に対処し、ステークホルダーから提起され得る将来の課題を予測する
- 特定された課題を明確にし、解決する
- 「4.9 ステークホルダー・エンゲージメントの計画」で作成した、「ステークホルダー関与度評価マトリックス」での現状分析に基づき、目標のステータスへ導く活動を行う

このプロセスは、ステークホルダーのプロジェクトの目的、目標、ベネフィットなどの期待を把握し、プロジェクト活動に活かすために重要なプロセスです。

このプロセスで使用される「ツールと技法」について解説します。

# ステークホルダー関与度評価マトリックス

| ステークホルダー | 不認識 | 抵抗 | 中立 | 支援 | 指導 |
|---|---|---|---|---|---|
| ステークホルダー1 | 現状 →  | | 目標 | | |
| ステークホルダー2 | | | 現状 → | 目標 | |
| ステークホルダー3 | 現状 → | | | 目標 | |

## ツールと技法

- 「専門家の判断」:必要な知識には次のものがある

「組織及び組織外の政治と権力構造、環境と文化に関する知識」「ステークホルダー・エンゲージメントのプロセスに使用される分析技法」「コミュニケーション方法と戦略」「要求事項のマネジメント、ベンダーのマネジメント、変更のマネジメント」

- 「コミュニケーション・スキル」
- 「人間関係とチームに関するスキル」
- 「行動規範」
- 「会議」:会議のタイプには次のものがある

「意思決定」「課題の解決」「教訓と振り返り」「プロジェクトのキックオフ」

# 第 18 章

# 監視・コントロール・プロセス群

# 序論 監視コントロール・プロセス群

## 監視・コントロール・プロセス群とは

監視・コントロール・プロセス群は、プロジェクトの計画と実行のパフォーマンスの差異、進捗の差異の監視、調整を行うプロセス群です。

このプロセス群には、次の内容も含まれます。

- 変更要求を評価し、適切な対応策を決定する
- 起こり得る問題の予測に基づく是正処置あるいは予防処置を提案すること
- プロジェクトマネジメント計画書およびプロジェクト・ベースラインに照らし、実行中のプロジェクト活動を監視すること
- 変更管理プロセスを経由しない可能性のある要因に働きかけ、承認された変更だけが実行されるようにすること。

## 監視・コントロール・プロセス群に含まれるプロセス

監視・コントロール・プロセス群に含まれるプロセスは、次の通りです。

---

5.1 プロジェクト作業の監視・コントロール
5.2 統合変更管理
5.3 スコープの妥当性確認
5.4 スコープのコントロール
5.5 スケジュールのコントロール
5.6 コストのコントロール
5.7 品質のコントロール
5.8 資源のコントロール

# 第18章 監視・コントロール・プロセス群

> 5.9 コミュニケーションの監視
> 5.10 リスクの監視
> 5.11 調達のコントロール
> 5.12 ステークホルダー・エンゲージメントの監視

第18章では、以下のプロセスについて説明します。
18 - 1 　　　「5.6 コストのコントロール」
18 - 2、3 「5.7 品質のコントロール」

# 18-1 監視・コントロール・プロセス「5.6 コストのコントロール」

## 概略

「コストのコントロール」プロセスはプロジェクト全体を通じて実行されますが、現在までの支出を把握し、予算の超過を起こさないよう管理します。

インプットは「コスト・ベースライン」、ツールと技法では、アーンド・バリュー・マネジメント手法(EVM)がよく使われます。

## ツールと技法

EVM(Earned Value Management)では、コストと同時に、スケジュールのコントロールも行います。現時点までに計画した作業予定と予算と、実際に行われた作業、使用された予算が比較され、実績と進捗を客観的に測り定量的に評価するプロジェクト管理の技法です。EVMでは、プロジェクト・チームが完成した成果とプロジェクト開始時に予測した見積りとが比較され、プロジェクトが完了状態からどれほど離れているか、また投入された作業工数から推定し、完了時点までにどれほどのリソースが使用されるかを見積れます。

EVMには以下の基本情報が必要です。

### ① PV(Planned Value)

計画した承認済みのコスト、計画価値

### ② EV(Earned Value)

実行した作業の予算コスト、達成価値

### ③ AC(実コスト:Actual Cost)

実際にかかったコスト、実コスト

### ④ BAC(完成時総予算:Budget at Completion)

# アーンド・バリュー・マネジメント

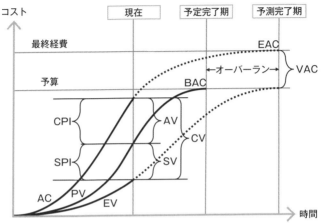

出典：プラネットPMP試験対策テキスト

完了時点におけるPV

これらの情報を基に次のような評価値を算定できます。

- コスト差異（CV） = EV − AC（0以上であれば良好）
- スケジュール差異（SV） = EV − PV（0以上は良好）
- コスト効率指数（CPI） = EV ÷ AC（1以上であれ良好）
- スケジュール効率指数（SPI） = EV ÷ PV（1以上は良好）
- 完成時総コスト見積り（EAC） = AC+BAC − EV（予算レートを用いる）
- 完成までのコスト見積り（ETC） = EAC − AC
- 残作業効率指数（TCPI） = （BAC − EV）÷（BAC − AC）

# 18-2 監視・コントロール・プロセス「5.7 品質のコントロール」①

## 概略

このプロセスは、プロジェクト全体を通して行われますが、プロジェクトのアウトプット（作業の成果物）が初期の品質目標値を達成しているかを監視し、必要に応じて是正対策を講じます。

品質のコントロールには、プロジェクトの特性に応じて、多様な「ツールと技法」が使用されますが、汎用的なツール・技法について次に説明します。

## パレート図

パレート図とは、棒グラフの一種類です。問題とする事柄を要因別や現象別に分け、大きい順に項目を並べ、累積量を折れ線グラフで表示することで、上位項目の比重を見るために使われます。問題の大きさを把握し、重点を見つけるために使われます。

〈書き方の手順〉

①特性を縦軸にとる

②縦軸の数値の大きい順に棒グラフを左に寄せて書く

③上位3項目ぐらいで70％前後になる項目に％ラインを入れる。上位の項目に、重点指向で対策を打つ。残りの項目は対象から外す

## ラン・チャート

ラン・チャートは、データを発生順に並べた折れ線グラフです。時間軸に対する、プロセスの傾向、変動、プロセスの低下や改善などの傾向分析に使用します。

傾向分析は、以下の事項を監視するときに用いられます。

# パレート図とラン・チャート

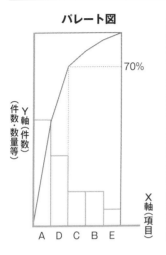

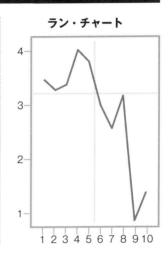

- 技術のパフォーマンス：間違いや欠陥の件数。是正されていない件数
- コストとスケジュールのパフォーマンス：著しい差異を伴って終了したアクティビティの件数

〈書き方の手順〉
　①特性を縦軸にとる
　②横軸には、データをとる任意の期間をとる
　③実績を入れ、線で結ぶ。時間軸でデータの変化とバラつきを見る

# 18-3 監視・コントロール・プロセス「5.7 品質のコントロール」②

## 散布図

散布図とは、要因と結果の対になったデータの関連で寄与度や影響度（相関）を点とグラフで表現して、相関関係の有無や相関の度合いの因果関係の解析に使います。1つの独立変数ともう1つの従属変数を用いてデータをプロットします。

〈書き方の手順〉

①結果は縦軸、要因系は横軸にとる

②データの中から、縦軸の最高値と最低値、横軸の最高値と最低値を見つけ、データを図全体に分布させる

③n数は20以上、50程度が適当

④メジアン線（中央値）を書き入れる

メジアン線はプロットした点が、上下、左右に数えて同数になる位置に線を入れます。

〈相関の有無判定〉

- 正の相関の判定の場合

  右肩上がりのグラフ。結果と要因がプラスの相関

- 負の相関の判定の場合

  右肩下がりのグラフ。結果と要因がマイナス

## チェックシート

データを抜け落ちなく採取して解析のために使用する記録用チェックシートと、検査のし忘れなどを防ぐための点検用チェックシートがあります。

〈書き方の手順〉

①層別で検討した層別項目を縦軸にとり度数を横軸にとる

②カウントした実数をチェックで入れる

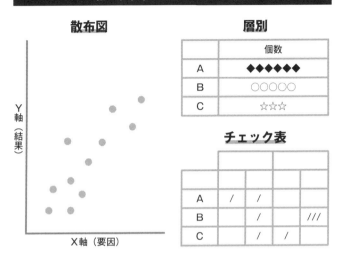

③データの総数（n数 or Σ数）を記載する

- n＝の場合は計数値といい、カウントできる数で端数が出ない性質がある
- Σ＝の場合は計量値といい、量的な測り方で端数が出る性質がある

# 第19章

# 終結プロセス群

# 19-1 終結プロセス「6.1 プロジェクトやフェーズの終結」

## 概略

終結プロセス群は、プロジェクトやフェーズ、または契約を正式に完了または終結するために実施するプロセスで構成されます。プロジェクトは有期的な活動です。目標を達成すれば解散される有期的な組織です。

解散後の形態は、以下の3つに大別されます。

- プロジェクトの終了とともに組織も解散する。たとえば、災害の被災地の支援活動
- プロジェクトの終了とともに、成果物は既存の組織に移管される。たとえば、社内の新システムの導入
- 組織や新会社が事業そのものを引き継ぐ。たとえば、新規事業の立上げ

## プロジェクトの終結に際して発生する手続き

### ①事務終了手続き

プロジェクト記録の収集、プロジェクトの成功や失敗の分析、教訓の収集、組織が将来使用するためのプロジェクト情報の保管などの活動が含まれます。

### ②契約終了手続き

すべての作業が満足行く形で完了したかの確認、最終結果を反映する契約記録の更新、将来のための情報の保管が含まれます。プロジェクトの最終プロダクト、サービス、所産を公式に受け入れ、契約条項のとおりであることを示す公式文書の受理も含まれます。

### ③会計処理終了手続き

プロジェクトで使用したコストの集計や請求の支払い手続

# プロジェクトの教訓

## プロジェクトの教訓

| カテゴリー | うまくいった点 | うまくいかなかった点 | 改善案 |
|---|---|---|---|
| ①スコープ | | | |
| ②スケジュール | | | |
| ③予算 | | | |
| ④進捗管理 | | | |
| ⑤チーム | | | |
| ⑥依頼者との関係 | | | |
| ⑦取引先との関係 | | | |
| ⑧その他 | | | |

出典:「プロジェクトマネジメント標準10のステップ・テキスト」(プラネット)

き、会計帳簿を閉じることが含まれます。

### ④備品関係の終了手続き

プロジェクトで購入した装置や備品などの移管作業や廃棄処理、借りているものであれば返還手続きが含まれます。

### ⑤メンバーの終了手続き

プロジェクトにおける評価、報奨などの手続き、次の部署への移動手続き、引継ぎ文書などが含まれます。元の組織に戻る人もいれば、新しいプロジェクトに任命される人もいます。

以上の手続きは文書化され、他のプロジェクト活動の結果生じた文書とともにプロジェクト・ファイルにまとめられる組織のプロセス資産更新版となり、次のプロジェクトの教訓になります。

## 19-2 「通勤大学図解 PM コース②実践編」のご紹介

　本書の姉妹編である「通勤大学図解 PM コース②プロジェクトマネジメント実践編」の特徴は次の通りです。

- プロジェクトマネジメント5つのプロセス群の流れに沿った構成です。
- 5つのプロセス群の汎用的でかつ主要なプロセスをプロジェクトの進め方に従って、10のステップとして構成した「プロジェクトマネジメント標準10のステップ」に沿って解説します。
- PMBOK ガイドの10の知識エリアの「ツールと技法」の中で、主要なものを取り出してその使い方を紹介します。
- 各ステップは、〈What〉、〈Why〉、〈How to〉で構成し、〈What〉で、このステップではなにを行うのか？〈Why〉で、なぜ、このステップが必要なのか、どのような役割を果たすのか？〈How to〉で、「ツールや技法」はどのように使うのか？　を説明します。
- 「ツールと技法」の使い方については、事例に基づき具体的に紹介します。
- 各ステップのアウトプットである成果物を事例に基づいて例示します。

# プロジェクトマネジメント「標準10のステップ」

| | ステップ | 成果物 |
|---|---|---|
| 立上げ | ❶目標を明確にする | プロジェクト目標（文書） |
| 計画 | ❷作業を分解し、ワークパッケージを洗い出す | WBS 一覧表 |
| | ❸役割分担し、所要期間を見積る | 役割分担表、見積り作業量、見積り所要期間 |
| | ❹ネット・ワーク図を作り、クリティカル・パスを見つける | ネット・ワーク図、クリティカル・パス分析 |
| | ❺スケジュールを作る | ガント・チャート |
| | ❻負荷をならす | 要員負荷ヒストグラム |
| | ❼予算を作る | 予算表、予算グラフ |
| | ❽リスクに備える | リスク・マネジメント計画書 |
| 実行・コントロール | ❾進捗をコントロールする | 現状報告書、アクションプラン |
| 終結 | ❿事後の振り返りをする | プロジェクトのまとめ（文書） |

# 巻末 | 多用される用語の説明

### ◆ 主要概念

PMBOK ガイド第6版から追加された導入トピックス。10の知識エリアについて、それぞれの定義を説明している。

### ◆ 傾向と新たな実務慣行(本書では「最近の動向」と記述)

PMBOK ガイド第6版から追加された導入トピックス。

プロジェクトマネジメントの知識、技法、ツールは、多くのプロジェクトで活用されるが、プロジェクト環境の変化や新たな技術開発などの要因により進歩していく。実務の場面で、各知識エリアにおける進歩の傾向を解説している。

### ◆ テーラリングの考慮事項

PMBOK ガイド第6版から追加された導入トピックス。

プロジェクトはそれぞれ固有であり、実際のプロジェクトにおいては、各知識エリアの技法・ツールは、プロジェクトの特性に従い、テーラリング(仕立て直し)が行われることが求められる。その際の留意点をまとめている。

### ◆ アジャイル型環境や適応型環境の考慮事項

PMBOK ガイド第6版から追加された導入トピックス。

プロジェクトは様々なプロジェクト・ライフサイクルプロセスで構成される。PMBOK ガイドでは、標準的なプロジェクト・ライフサイクルである予測型ライフサイクルを基本に記述されるが、その他の開発型ライフサイクルと呼ばれる反復型、漸進型、適応型、そしてハイブリッド型ライフサイクルにおいて、適用する場合の考慮すべき点を解説している。

### ◆ 専門家の判断(Expert Judgement)

適用分野、知識エリア、専門分野、業界などの専門的知識やスキルを持つグループや個人から得られるもの。統合マネ

ジメントのすべてのプロセスなど多くのプロセスの「ツールと技法」である。具体的には、コンサルタント、ステークホルダー、専門家の技術関連協会、母体組織の他の部門など。

◆ **組織のプロセス資産（Organizational Process Assets）**

プロジェクトを成功に導くための組織のあらゆる資産。教訓や過去の情報などの組織のデータベースも含まれる。以下の２つのカテゴリーに分かれる。

① **プロセスと手順**

組織の標準プロセス（倫理基準、方針）、標準化されたガイドライン（作業指示書、提案評価基準）、テンプレート（リスク）など

② **企業の組織データベース**

プロジェクト・ファイル、過去の情報と教訓の知識ベース、財務データベースなど。

◆ **組織体の環境要因（Enterprise Environmental Factors）**

「組織体の環境要因はプロジェクトにプラスの影響を与えることもマイナスの影響を与えることもある」と定義されている。プロジェクトの成功に影響を与える内部と外部の環境要因を指し、多くの事柄が対象になる。

## ■ 監修者紹介

# 中嶋秀隆（なかじま・ひでたか）

プラネット株式会社 代表取締役社長
国際基督教大学大学院修了。京セラ（海外営業）、インテル（国際購買マネジャー、法務部長、人事部長）など、日米の有力企業に約20年間勤務。その後、PM研修を軸に独立。現在、日本およびアジア地域のビジネスパーソンを対象に、プロジェクトマネジメント技法の研修、コンサルティングを行っている。PMI会員、PMI日本支部理事、PMP、PMAJ会員、PM学会員。
〈主な著作〉
『PMプロジェクトマネジメント』日本能率協会マネジメントセンター
『死ぬまでに達成すべき25の目標』（共著）PHP研究所
『「プロジェクト力」で仕事を変える！』（共著）総合法令出版
『世界一わかりやすいプロジェクトマネジメント』（翻訳）総合法令出版
『プロジェクトマネジメント危機からの脱出マニュアル』（翻訳）ダイヤモンド社

## ■ 著者紹介

# 中 憲治（なか・けんじ）

プラネット株式会社 シニア・コンサルタント、オフィスNAKA 代表
鹿児島大学法文学部卒業。日産自動車（人事部門、海外営業部門）、日本テレコム（現ソフトバンク）にて勤務。2003年独立、PM研修、論理的問題解決法研修のインストラクター、コンサルティングを行っている。PMP。

〈主な著書〉
『通勤大学図解PMコース① プロジェクトマネジメント理論編(第3版)』 総合法令出版
『同② プロジェクトマネジメント実践編(第3版)』 総合法令出版
『伝説のPMが教える私の一押しプロジェクト』(共同執筆) 評言社
『図解 これならできるクリティカルチェーン』(共著) ダイヤモンド社

## ▍プラネット株式会社サービスのご案内

プラネット株式会社はPMI登録のグローバル教育機関(Global Registered Educaton Provider)です。
プロジェクトマネジメントのリーディング・カンパニーとして、PMの全域にわたり、高品質の研修とコンサルティング・サービスを提供しています。
本書で紹介したPMBOKの実践手法の研修プログラム「PM標準10のステップ」(2日コース、毎月東京で公開コースを実施)はプロジェクトマネジメントの基本を習得する研修としてご高評をいただいています。

## 【連絡先】

〒141-0001 東京都品川区北品川1 -19- 5
コーストライン品川ビル3F
TEL:03-6433-0570　FAX:03-6433-0571
URL:www.planetkk.net

視覚障害その他の理由で活字のままでこの本を利用出来ない人のために、営利を目的とする場合を除き「録音図書」「点字図書」「拡大図書」等の製作をすることを認めます。その際は著作権者、または、出版社までご連絡ください。

通勤大学文庫
図解 PM コース 1
**プロジェクトマネジメント 理論編（第 3 版）**

2010年 1月12日　第1版1刷発行
2013年12月 9日　第2版1刷発行
2018年10月23日　第3版1刷発行

監　修　**中嶋秀隆**
著　者　**中　憲治**
発行者　**野村直克**
発行所　**総合法令出版株式会社**
　　　　〒103-0001　東京都中央区日本橋小伝馬町 15-18
　　　　　　　　　　ユニゾ小伝馬町ビル 9 階
　　　　　　　　　　電話　03-5623-5121
印刷・製本　**中央精版印刷株式会社**
ISBN 978-4-86280-642-0

Ⓒ KENJI NAKA 2018 Printed in Japan
落丁・乱丁本はお取替えいたします。

総合法令出版ホームページ　http://www.horei.com/